浙江省钱塘江文化研究会

研究会 钱塘江文化 浙江省

ZHEJIANG QIANTANG RIVER
CULTURE RESEARCH
ASSOCIATION

宋韵文化丛书编委会

主任 胡 坚 章 燕

编委（以姓氏笔画为序）

安蓉泉 李 杰 陈荣高 范卫东

范根才 周 膺 周小瓯 徐 勤

傅建祥

支持单位 中共杭州市上城区委宣传部

宋韵文化丛书

胡 坚╲著

宋韵文化创意

浙江工商大学出版社｜杭州

胡　坚

　　曾任浙江省委宣传部常务副部长，现任浙江省人民政府参事、咨询委员会委员，浙江省钱塘江文化研究会会长，浙江大学、中国美术学院、浙江省委党校特聘教授。主持过数个国家级和省级社科规划课题，出版《思想的力量》《语言的力量》《文化的力量》《文化浙江十二讲》《别样思考》等 10 多部著作。

总　序

　　宋代上承汉唐、下启明清，是中国古代文明最为辉煌的时期之一。宋代是中国历史上商品经济、文化教育、科技创新高度繁荣的时代。宋代崇尚思想自由，儒家学派百花齐放，出现程朱理学；科学技术发展取得划时代成就，中国的四大发明产生世界性影响，多领域出现科技革新；政治开明，对官僚的管理比较严格，没有出现严重的宦官专权和军阀割据，对外开放影响广远；经济繁荣，商品经济异常活跃，农业、手工业、商业等都取得长足进步；重视民生，民乱次数在中国历史上相对较少，规模也较小，百姓生活水平有较大提升，雅文化兴盛；城市化率比较高，人口增长迅速。

　　经济、社会的高度发达带来了文化的繁荣兴盛。兴于北宋、盛于南宋，绵延300多年的宋代文化，把中华文明推到前所未有的高度，为人类文明进步做出了不可磨灭的贡献。浙江的文化积淀极为深厚。作为中华文明史上的璀璨明珠，宋韵文化是浙江最厚重的历史遗存、最鲜明的人文标识之一。宋韵文化是两宋文化中具有文化创造价值和历史进步意义的哲学思想、人文精神、价值理念、道德规范的集大成者。什么是宋韵文化？宋韵文化不能简单地等同于宋代文化，而是从宋代文化中传承下来的，经过历史扬弃的，具有当代价值和独特风韵的文化现象，包括思想理念、精神气节、文学艺术、雅致生活、民俗风情等。具体来说，宋韵文化见之于学术思想的思辨之韵、文学艺术的审美之韵、发现发明的智识之韵、生产技术的匠心之韵、社会治理的秩序之韵、日常生活的器物之韵，集中反映了两宋时期卓越非凡的历史智慧、鼎盛辉煌的创新创造、意韵丰盈的志趣指归和开放包容的社会风貌，跳跃律动着中华民族一脉相承的精神追求、精神特质、精神脉络，是中华优秀传统文化的重要组成部分和具有中国气派、浙江辨识度的典型文化标识。

当前，我们对中华传统文化，要坚持古为今用、推陈出新，继承和弘扬其中的优秀成分。要建立具有中国特色、中国风格、中国气派的文明研究学科体系、学术体系、话语体系，为人类文明新形态实践提供有力的理论支撑。要以礼敬自豪、科学理性的态度保护和传承宋韵文化，辩证取舍、固本拓新，使其具有重大而深远的历史意义和时代价值。为此，浙江提出实施"宋韵文化传世工程"，形成宋韵文化挖掘、保护、研究、提升、传承的工作体系，高水平推进宋韵文化创造性转化、创新性发展，让千年宋韵在新时代"流动"起来、"传承"下去，形成展示"重要窗口"独特韵味、文化浙江建设成果的鲜明标识。

根据"宋韵文化传世工程"部署，浙江将围绕思想、制度、经济、社会、百姓生活、文学艺术、建筑、宗教等八大形态，系统研究宋韵文化的精神内核、文化内涵、地域特色、形态特征、历史意义、时代价值、传承创新，构建体系完整、门类齐全、研究深入、阐释权威的宋韵文化研究体系，推进宋韵文化文献资料的整理与研究，打造宋韵文化研究展示平台。深化宋韵大遗址考古发掘、保护、利用，构建宋韵文化遗址全域保护格局，让宋韵文化可知、可触、可感，为宋韵文化传承展示提供史实依据。推进宋韵重大遗址考古发掘，加强宋韵遗址综合保护，提升大遗址展示利用水平。以数字化手段赋能宋韵文化传承弘扬，全面构建宋韵文化数字化保护、管理、研究、展示、衍生体系，打造宋韵文化遗存立体化呈现系统，实现宋韵文化数字化再造，让千年宋韵在数字世界中"活"起来。加强宋韵文化数字化保护，打造数字宋韵活化展示场景，构筑宋韵数字服务衍生架构。坚持突出特色与融合发展相协调，围绕"深化、转化、活化、品牌化"的逻辑链条，深入挖掘宋韵文化元素，加强宋韵文化标识建设，打造系列宋韵文化标识，塑造以宋韵演艺、宋韵活动、宋韵文创等为支撑的"宋韵浙江"品牌，推动宋韵文化和品牌塑造的深度融合，提升宋韵文化辨识度，打造宋韵艺术精品、宋韵节庆品牌、宋韵文创品牌、宋韵文旅演艺品牌。深入挖掘、传承、弘扬宋韵文化基因，充分运用"文化＋"和"互联网＋"等创新形式，推进宋韵文化和旅游深度融合，进一步优化布局、完善结构、提升能级，把浙江建设成为国际知名的宋韵文化旅游目的地。优化宋韵文旅产业发展布局，建设高能级旅游景区集群，发展宋韵文旅惠民富民新模式。建设宋韵文化立体化传播渠道，构建宋韵文化系统化展示平台，完善宋韵文化国际化传播体系。统筹对内对外传播资源，深化全媒体融合传播，构建立体高效的传播网络，着力打造融通中外的新范畴、新表述，推动宋韵文化深入人心、走向世界，使浙江成为彰显宋韵文化、具有国内外影响力的展示窗口。

　　我们浙江省钱塘江文化研究会全体同人，积极响应浙江省委、省政府的号召，全身心投入宋韵文化的研究、转化和传播工作之中，撰写了许多论文和研究报告，广泛地深入浙江各地进行文化策划，推动宋韵文化提升城市品位、参与发展宋韵文化事业和文化产业，让宋韵文化全方位地融入百姓生活。

为了提升我们自己的思想水平和工作水平，同人们认真学习和研究宋韵文化，深入把握历史事件、精准挖掘历史故事、系统梳理思想脉络、着力研究相关课题，在此基础上，撰写了一系列通俗读物，以飨读者，为传播宋韵文化做出自己的贡献，于是就有了这套丛书。

这套丛书有以下几个特点：一是通俗性，以比较通俗的语言和明快的笔调撰写宋韵文化有关主题，切实增强丛书的可读性；二是准确性，以基本的宋韵史料为基础，力求比较准确地传达宋韵文化的内容；三是时代性，坚持古为今用，把宋韵文化与当下的现实应用紧密地结合起来，能够跳出宋韵看宋韵，让宋韵文化为当下的经济社会发展和百姓生活服务；四是实用性，丛书中有许多可以借鉴的思想理念和可供操作的方法途径，可以直接应用于文化事业和文化产业。

限于我们的研究深度与水平，丛书中一定有不少谬误，敬请读者批评指正。

2022 年 8 月 15 日

（作者系浙江省钱塘江文化研究会会长、浙江省宋韵文化研究传承中心专家咨询委员会召集人）

前言

　　浙江，地处中国东南沿海，东临东海，南接福建，西与安徽、江西相连，北与上海、江苏接壤，境内最大的河流钱塘江，因江流曲折，称"之江"，又称"浙江"，省以江名，简称"浙"。浙江的地理风貌是"七山一水两分田"，共有八大水系约8万条河流，故省名的两个字都带"水"。

　　浙江省陆域面积10.55万平方千米，下辖11个地级行政区，其中11个地级市（其中杭州、宁波为副省级城市），20个县级市，33个县（其中1个自治县），37个市辖区。第七次全国人口普查常住人口6456.7588万人。

　　浙江是中华文明的发祥地之一，文渊悠久，文脉深广，文气充沛。深厚的文化底蕴和优秀的文化传统是浙江经济社会持续快速健康发展的不竭动力。1974年冬，中国科学院古脊椎动物与古人类研究所和浙江省博物馆的专家，在建德市李家镇新桥村乌龟洞里发掘出一枚古人类的牙齿化石及大量古脊椎动物化石。经鉴定，这枚人牙化石约有5万年的历史。该古人类被中国科学院正式命名为"建德人"。"建德人"是在浙江省境内首次发现的"新人阶段"的古人类。从牙齿形态上分析，"建德人"与柳江人、山顶洞人相似，为晚期智人，建德也因此成为浙江历史的源头。有学者认为，"建德人"就是浙江的原始民族越族的祖先。

浙江境内已发现新石器时代遗址 100 多处，有距今约11000—8500 年以上的上山文化、距今约 8000—7000 年的跨湖桥文化、距今约 7000—5000 年的河姆渡文化和距今约 5300—4300 年的良渚文化。浙江有丰富的传统文化资源，历史上名人大师辈出，很多方面独树一帜，古越文化、南宋文化、南孔文化、和合文化、阳明文化等灿若星河，展现了浙江独特的精神气质和深厚的文化底蕴。其中，宋韵文化作为中华优秀传统文化的重要组成部分，是具有中国气派和浙江辨识度的重要文化标识。

为了把宋韵文化做足特色、放大优势，传承好浙江优秀传统文化的精神内核，浙江正在全面实施"宋韵文化传世工程"，动员各种力量，在深入实施浙江文化发展"186 行动"中，努力形成宋韵文化挖掘、保护、提升、研究、传承的工作体系，高水平推进创造性转化、创新性发展，让千年宋韵在新时代"流动"起来，"传承"下去，形成展示"重要窗口"独特韵味、文化浙江建设成果的鲜明标识。

浙江在推进"宋韵文化传世工程"中，站在赓续中华文脉的高度去推进，深度挖掘当地的文化特色，打造独特文化"金名片"，展示浙江文化的魅力。突出抓好 3 个方面的工作：一是抓研究。"跳出南宋看南宋、跳出浙江看南宋"，要从思想、制度、经济、社会、百姓生活、文学艺术、建筑、宗教等 8 个方面深入研究宋韵文化，形成全方位、立体化、系统性研究阐述宋韵文化的格局，深刻准确把握宋韵文化的思想精髓、历史意义和时代价值，总结提炼"宋韵"的核心特征，掌握宋韵文化的核心要义。二是抓传播。立足"守正创新"的发展理念，推动相关地区和部门，积极做好南宋皇城遗址综合保护工作，在浙江省，尤其是在杭州、绍兴等地区，打造一批彰显宋韵文化、具有浙江气派的地标建筑，探索宋韵文化国际化传播的有效途径，打造面向世界、面向未来、面向大众、面向现代化的宋韵文化传承展示中心。三是抓转化。坚持"古为今用"的工作原则，传承好浙江人身上的"文化基因"，充分利用浙江作为全国文化产业发展第一方阵中的一员的优势，着力做好浙东学派、永嘉学派、金华学派等的新时代传承，积极打造具有浙江特色的标志性南宋文化品牌、文旅融合品牌，持续扩大影响力和穿透力，真正让宋韵文化的传承展示造福于当代社会，满足人民日益增长的美好生活需要，推动浙江实现新的发展。

要做好宋韵文化这篇文章，其中一件很重要的事就是宋韵文化创意，也就是怎样将宋韵文化通过创意转化为作品、产品和商品，为当下的生产生活服务。本书讨论的就是这个问题。

创意是人类的一种思维活动，创意最重要的就是思想，创意产业就是思想产业。我们平常所说的"点子""主意""想法"等，在这里就称为"创意"。将创意实现，就可以把一种好的想法转化为一种有价值的东西。我们研究宋韵文化创意，就是要把宋韵文化转化为具有社会价值、文化价值、艺术价值和经济价值的东西。

宋韵文化博大精深，笔者对于本专题的研究刚刚起步，对于许多课题的研究仅仅是起了个头，只能给读者提供一点思路与借鉴。书中必有不少谬误，敬请读者批评指正。

目录

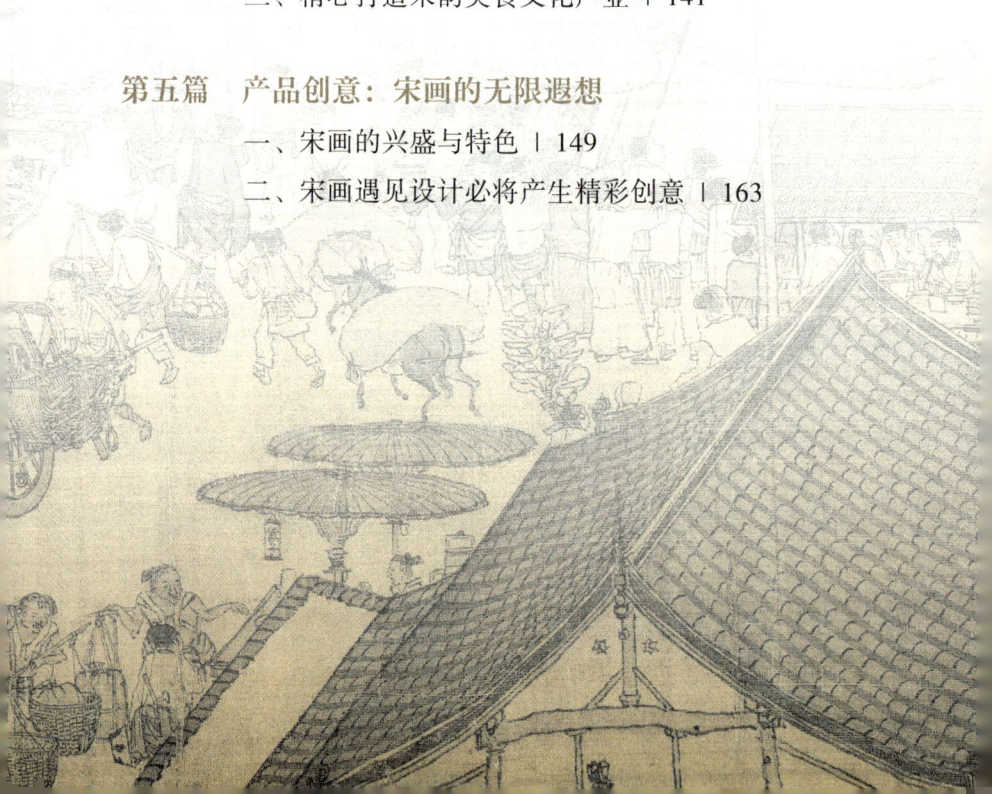

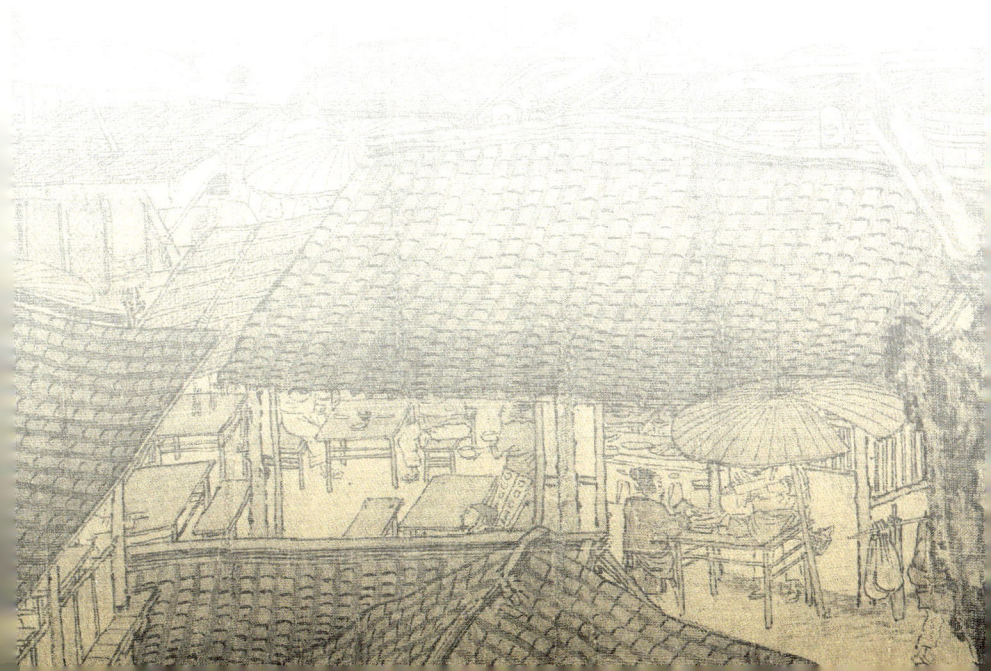

序
篇

思想创意

我们为什么要传承宋韵文化

浙江致力于打造"宋韵文化传世工程"，而不是简单地提"南宋文化"，我认为是很有道理的。因为今天所说的"宋韵文化"并不完全等同于南宋文化。"宋韵文化"应当是从宋代文化中传承下来的。这里的宋代，既包括南宋，也应当包括北宋，因为两宋的文化根脉是完全相连的。绍兴宋六陵都不是深埋的，当时南宋朝廷的想法可能是一旦哪一天重回中原，就要把这些帝后的墓重新迁回，从中可见两宋的血脉联系。当然，浙江在传承宋韵文化时，重点应当研究南宋文化。为此，我们可以定义：宋韵文化就是从宋代传承而来，经过历史扬弃，具有当代价值和独特风韵的文化现象，包括思想理念、精神气节、文学艺术、雅致生活、民俗风情等。

宋代是一个值得大书特书的朝代。1127 年，宋高宗赵构在河南商丘重建宋朝，史称南宋，以别于北宋。建炎三年（1129）宋室南迁至临安（今杭州），南宋临安府人口在 1274 年达到 124 万。对于南宋虽然有各种不同的评价，但是，从大历史观的角度来说，南宋思想活跃、经济繁荣、文化兴盛、科技发达、社会富足，能够在外敌不断侵袭之下，延续 152 年，后人当给以高度评价。

南宋时的临安，从名字上看，是一个皇家暂居地，城内极其繁华，时人称之为东南第一州。南宋灭亡后，马可·波罗经过深度游历，禁不住称赞杭州为"天城"。2001年6月，"临安城遗址"被列为第五批全国重点文物保护单位。它是国家"十三五"期间被列入保护项目库的150处重要大遗址之一。

我们传承和弘扬宋韵文化，面临一个问题：今天我们这么做是为了什么？这里就涉及一系列有关价值观的问题，包括：延续了300多年的宋代，给当代的浙江人民留下了什么？有什么值得当代人去传承和弘扬的？我认为按照"古为今用"的理念，传承和弘扬宋韵文化最重要的是传承与弘扬以下这些方面：崇尚思想、精忠爱国、兴旺百业、繁荣艺术、安乐百姓、优雅生活。

一、崇尚思想

宋代是一个崇论宏议频出，思想家创业垂统的朝代，是理学思想的成熟期，也是儒、释、道三教合流思潮的盛行期、中国古代学术思想的新巅峰，其中最明显的一个标志是新儒学——理学思想的诞生。作为程朱理学集大成者的朱熹，是继孔孟以来杰出的儒家学者。另外，宋朝赋予知识分子许多不受人身侵犯的特权。据传，赵匡胤开创大宋，在实施"削弱相权""强干弱枝""文臣掌权"等改革的同时，还留下了一条遗训——"不得杀士大夫及上书言事人"。于是，那些从门阀制度下解放出来的知识分子，凭借经济发展带来的社会繁荣，依靠印刷技术

图0-1　《文公先生像》　〔明〕郭诩
（私人藏）

生产的丰富书籍，纵贯古今，横论百家，将古代的学术文化推
到一个空前发达的高度。

　　宋代知识分子特别活跃，呈现出学派间互争雄长和欣欣向
荣的景象。南宋时期，浙江士人思想极为活跃，有永康学派、
永嘉学派、金华学派等，形成了继春秋战国之后历史上第二次
"百家争鸣"的盛况。宋代人特别爱读书、会读书。其间，书
院受到各方重视而得以兴建，数量之巨，是唐、五代书院总和

的数倍。宋时的书院，不同于私塾、社学、义学等基础教育机构，而是大多在此基础上形成的由私人创办的中等或高等教育机构。两宋书院的发展也各有特点：北宋以"天下四大书院"为代表，强化的是教学功能，书院作为学校的一种，得到社会的广泛认同。而"南宋四大书院"以张栻、朱熹、吕祖谦、陆九渊为代表的大师讲学，带动了思想的解放与学术的繁荣，使学术与书院的一体化得以完成。

宋代也是浙江古代书院的高速发展期。书院数量大增，而且成为以教学为主，兼具研究、藏书功能的教育场所。南宋时全省建书院190余所，其中，吕祖谦创办的丽泽书院为"南宋四大书院"之一。

当代浙江的发展，需要在思想理念方面继续改革创新。可以提出建设"思想浙江"，相信宋代的思想一定会给我们许多重要的启示。

二、精忠爱国

宋朝出现了许多爱国志士。宋王朝长期处于金和蒙古等政权的严重威胁之下，为此宋朝军民进行了艰苦卓绝的抵抗斗争，涌现出无数气壮山河、可歌可泣的爱国英雄，如宗泽、韩世忠、岳飞、谢枋得、陆秀夫、文天祥等。宋朝也是英雄文化形成的高峰期。包拯是清官廉吏的代表；"杨家将"满门忠烈，为保家卫国血洒疆场，演绎了无数动人心魄的爱国故事；南宋抗金英雄岳飞抵御外侮、报效祖国的赤胆忠心，使他一直为世人所景仰，其"精忠报国"的壮志、"还我河山"的呐喊、"驾长车踏破贺兰山缺"的战功，让他成为爱国的化身。

千百年来，中华民族一到危难之时，总是把宋人的诗词和语录作为激励国人的强心剂。辛弃疾有《破阵子·为陈同甫赋壮词以寄之》："醉里挑灯看剑，梦回吹角连营。八百里分麾下炙，五十弦翻塞外声，沙场秋点兵。"李清照有《夏日绝句》："生当作人杰，死亦为鬼雄。至今思项羽，不肯过江东。"文天祥有《过零丁洋》："辛苦遭逢起一经，干戈寥落四周星。山河破碎风飘絮，身世浮沉雨打萍。惶恐滩头说惶恐，零丁洋里叹零丁。人生自古谁无死？留取丹心照汗青。"爱国忧政成为南宋诗词创作的主流，风格多慷慨激昂，正气凛然。这些诗词是激励中华民族在危难之中奋起反抗的强大精神武器。

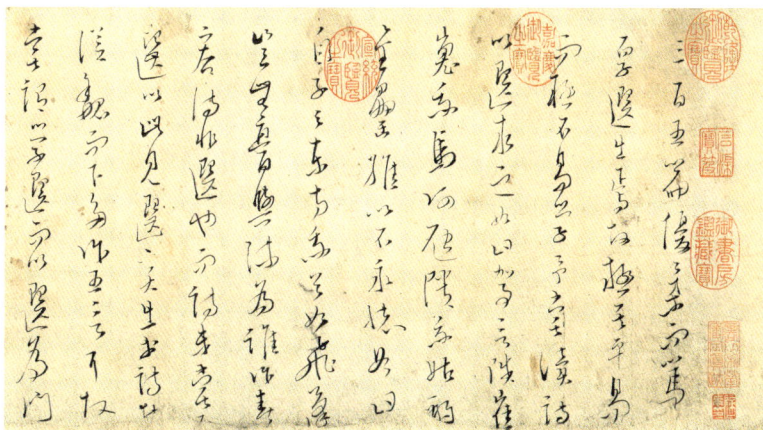

图0-2　《木鸡集序卷》（局部）　〔宋〕文天祥　（辽宁省博物馆藏）

浙江是精神之地，从大禹治水精神、越王勾践卧薪尝胆表现出的艰苦奋斗、永不放弃的精神，到近代"辛亥三杰"的革命精神、鲁迅的硬骨头精神，到改革开放以来的浙江精神等，这些精神与宋人精神是一脉相承的。

三、兴旺百业

宋代开创了古代中国商品经济发展的新时代。宋之前历朝历代的经济政策多重农轻商，而到了宋代，商业与农业都被视为创造社会财富的源泉。"士、农、工、商，皆百姓之本业"成为社会共识。北方的儒学相对而言是与农耕文明结合，所以倡导"耕读传家"的价值理念，而南宋以后，山东曲阜孔府的几乎所有人都跟着宋高宗到了浙江衢州，并建起了南孔家庙。儒学一到南方就产生历史性变革，儒学与工商文明紧密地结合起来，在倡导"耕读传家"的基础上，同时倡导"利义并重、工商并举"，这为人们解放思想奠定了学理基础。宋朝大力发展住宅与店肆混合的"坊市合一"商业格局，冲破了长期以来"市""坊"分离的封闭式坊市制度，出现临安、成都等全国性的著名商业大都市，形成四通八达的商业网络。杭州至今还留下许多南宋时的商业街区，如清河坊、南宋御街等。商人在两宋时期具有较大的自由度，商业经济迎来了大繁荣的时代。有学者称，南宋的经济总量已约占世界的60%。南宋时期最大的城市临安府和成都府人口都已过百万。而此时欧洲还处于中世纪。宋朝出现了人类历史上最早的纸币和银行。宋朝也是中国古代唯一长期不实行"抑商"政策的王朝。

宋朝开辟了海上丝绸之路。温州和明州（今宁波），"岁造船（各）以六百只为额"（清代徐松《宋会要辑稿》），为中国南方重要的造海船基地。宋朝外贸最重要的产品之一就是龙泉瓷，其中哥窑瓷器就是龙泉瓷的代表。龙泉瓷，对内能满足精益求精的宫廷品位，对外能行销世界。南宋朝廷为防止铜币、金银流往外国，"乃命有司止以绢帛、锦绮、瓷、漆之属博易"（元代脱脱等《宋史·食货志》），使龙泉青瓷及漆器外销量大大增加。

宋代科技成就在很多方面居于世界领先地位。英国学者李约瑟在其著作《中国科学技术史》的导论中说："每当人们在中国的文献中查找一种具体的科技史料时，往往会发现它的焦点在宋代。"指南针在宋时航海交通上已经普遍使用。13世纪，指南针传入阿拉伯和欧洲各国。晚唐火药开始应用于军事，北宋政府在东京设立专门机构，制造火药和火器。南宋时期发明了管形火器"突火枪"。管形火器的出现，使人类作战史进入了新阶段。火药和火器在13世纪中期传入阿拉伯，后来传入欧洲。四大发明在宋代都得到空前发展。宋代航海技术使中国成为世界上最早跨入海洋时代的国家。南宋初期的"南海一号"是迄今发现的海上沉船中年代最早、船体最大、保存最完整的远洋商船。其排水量估计可达800吨，载重超400吨，预计文物总量超过16万件，令世人惊叹不已。从海外贸易看，对外贸易港口有近20个。南宋开辟了古代中国东西方交流的新纪元。

如今，我们在推进经济社会发展的过程中，宋代兴旺百业的历史积淀是颇有借鉴意义的。

四、繁荣艺术

宋代是艺术大繁荣的时期，词、诗、散文、话本小说、戏曲、杂技、绘画、雕塑、建筑等艺术门类空前兴盛，还在瓷器、玉雕、木雕、竹刻、漆器、铜器、金银器、牙角器、碑帖、印章及笔墨纸砚等技艺方面取得了极高的成就。

值得注意的是，宋代绘画进入了商业领域，这实际上也是中国文化创意产业的萌芽——一批技艺精湛的职业画家将作品出售，并制作各种绘画工艺品在市场上销售，把艺术产品转化为人们的生活用品。南宋临安夜市有细画绢扇、细色纸扇、梅竹扇面等出售；临安等地的酒楼也悬挂字画以美化店堂，并作为吸引顾客的手段。市民遇到喜庆宴会，所需要的屏风、画帐等书画陈设等都可以租赁。岁末时又有门神等主题的节令画售卖。宋代由于手工业的发达，促成了雕版印刷的发展与普及，出现了汴京、临安、成都、建阳等雕版印刷中心，不少书籍及佛经都配有版画插图。

艺术与公共文化服务的发展一直是我们走向现代化的历史进程中需要高度关注和切实加强的重要方面，宋代艺术发展史也给了我们不少宝贵的启示。

註東坡先生詩卷第四

吳郡顧氏
吳興施氏

詩四十七首　起自京口盡通守錢塘

游金山寺

南唐僧應之頭陀巖記金山昔名浮玉因裴頭陀江際獲益貞元二十一年節度李錡妻易名金山李選郭景純江賦惟岷山之導江衍沲源濫

我家江水初發源，岷山……官游直送江入

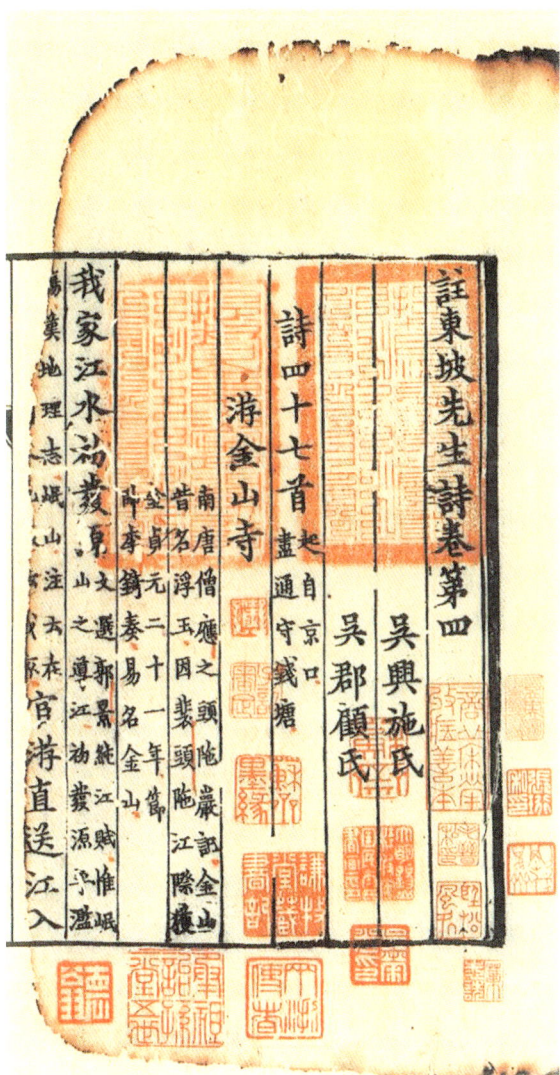

图0-3　宋刻本《施顾注东坡先生诗卷》（局部）
　　　　[宋]苏轼撰　[宋]施元之、顾禧等注
　　　　（私人藏）

图0-4   《清明上河图》（局部）之汴梁市中心街景   〔宋〕张择端
（故宫博物院藏）

五、安乐百姓

宋代，随着工商业的兴旺发达，市民阶层得以产生与扩大。大批手工业者、商人、小业主构成了市民阶层，这些人又进一步推动了工商业的繁荣。市民阶层的兴起带动了世俗文化突飞猛进式的发展，市民在富裕的同时，不断地追求生活的精致化。为此，宋代的美食特别多，《东京梦华录》中的"州桥夜市""饮食果子"等章节就描写了各种特色小吃美食。著名画家张择端的《清明上

河图》极其生动地描绘了繁华的市井生活。并且，文化娱乐生活
也迅速兴起，南宋临安的瓦舍勾栏，不仅盛极一时，而且颇具影响。
《西湖老人繁胜录》中称，当时临安城内外的瓦舍数量，共有24座，
临安市民"深冬冷月无社火看，却于瓦市消遣"。百姓的安乐与
幸福，永远是治理的首要问题。

六、优雅生活

宋代是中国历史上雅文化的高峰之一。宋人特别会过日子，宋人的优雅生活与琴、棋、书、画、诗、酒、花、茶、香、石（人称"十雅"）相关。南宋时期临安休闲文化以前所未有的繁荣面貌出现。南宋工商业发达，城市生活繁华便利，文人们也颇能品玩生活趣味，所以焚香、插花、点茶、挂画"四艺"，普及于街坊市井。仕女妆奁、穿着、簪佩等，也讲究时尚花样和精巧手艺，典雅的士大夫文化或称雅文化得到全面发展。今天，在我们的物质文明得到极大发展的时候，我们需要将更多目光放在美好生活上，而优雅生活，正是美好生活的一种形式。

以上这些，作为宋韵文化的精髓，与我们打造共同富裕示范区和实现人民的美好生活关联度极高，都是值得大力倡导和广泛深入推行的。

图0-5 《松荫策杖图》 〔宋〕佚名 （故宫博物院藏）

第一篇

生活创意

向宋代人学习优雅生活

　　宋代是中国文化发展的黄金时期，经济发展带来的社会繁荣，印刷技术带来的丰富藏书，将文化推上一个空前发达的高度。宋人相对安逸，又基于崇雅的观念，强调文才、学问、道德，造就艺术生活化与生活艺术化的文化现象。宋代的文化审美观一改唐代的高歌猛进、大红大紫、五彩缤纷，转而进入对日常生活与内心情致的体会，转向对一花一叶、一沙一石的关注。在艺术表现上，宋代艺术不强调灿烂辉煌、激情澎湃的气势，而是转向含蓄宁静、优雅平淡的生活情致。

　　浙江，尤其是杭州，从南宋起一直是中国历史上"雅文化"的制高点之一。"雅文化"是以"高雅、典雅、幽雅、儒雅、优雅"为显著特点的一种文化。杭州的繁华曾让马可·波罗惊叹，也让历史上很多文人墨客惊叹。其中赢得他们最多赞颂的是城市居民的优雅生活。

一、学习宋人优雅生活，打造多彩文化人生

宋人的优雅生活，包含琴、棋、书、画、诗、酒、花、茶、香、石，人称"十雅"，即音乐、对弈、书法、美术、诗词、品酒、观花、饮茶、悟香、赏石等十大优雅生活方式。这些优雅生活方式对于当代生活具有极大的借鉴与参考意义，我们从中可以领悟到许多生活的品质与情怀。

1. 琴——音乐给人以情怀

宋代的许多文人爱琴如命，而且通晓音律，在他们所作的词中也不乏琴的身影。据不完全统计，与琴有关的宋词至今留存有 596 首。词与诗的主要区别在于，诗多是吟的，而词多是唱的。词宛如当今的流行歌曲，在民间口口传唱。词作者大多会弹琴。宋代的文人雅士特别喜欢结交有名的琴师，如范仲淹、欧阳修、苏轼等都与当时著名琴师是好朋友。

宋代城市文化生活的标志是瓦舍勾栏的蓬勃发展，从而形成了独特的文艺繁荣景象。特别是废除了唐代用围墙隔开市民居住的坊区和商业集中的市区的"坊市制"，解除了宵禁制，使说唱艺人得以在瓦舍勾栏和街头日夜献艺，让平民百姓也可以充分享受艺术。

除了钟爱艺术的宫廷贵族、士大夫，随着市民阶层的兴起

图1-1 《深堂琴趣图》 〔宋〕佚名 （故宫博物院藏）

和市井文化的发展，尤其是民间演艺活动与商业经济相结合后，平民百姓也都会去瓦舍勾栏、茶楼酒肆中欣赏艺术，让艺术带走劳作的疲劳。

南宋时杭州的音乐形式多样，有叫声、嘌唱、唱赚等。叫声又名吟叫，它起源于市场的叫卖声。现在的年轻人对这种叫卖声不太熟悉，而老一辈对这种叫卖声就比较熟悉，如走街串

图1-2 《听阮图》 〔宋〕李嵩 （台北"故宫博物院"藏）

巷的磨刀人，总是叫着"磨剪子来抢菜刀"。宋代高承《事物纪原》记载，宋人市场上"凡卖一物，必有声韵，其吟哦俱不同，故市人采其声调，间以词章，以为戏乐也"。嘌唱，就是一种用鼓声伴奏的演唱，这种唱法在当时的杭州街头很流行。而所谓的"唱赚"，就是用鼓、板、笛等许多乐器伴奏和多种曲调组合而成的大型演唱，流行于各家瓦舍勾栏之中。此外，说唱音乐如鼓子词、诸宫调等也很流行。

2. 棋——对弈给人以智慧

下棋，需要大局观念，需要长远谋划，是智慧的较量与毅力的坚守。宋人很喜欢品茶弈棋，这是宋代文人普遍的雅好。我们现在欣赏宋画，常常会看到文人雅士对弈的画面，有的画上还画着几位文人雅士在下棋，边上有许多观棋者。

宋太祖赵匡胤是一个特别爱下棋的人，据宋代叶梦得《石林燕语》记载："太宗当天下无事，留意艺文，而琴棋亦皆造极品。"在皇帝的带动下，达官贵人和文人雅士也喜欢下棋，弈棋之风兴盛于朝野。宋代棋的兴盛体现在以下几个方面：一是发展了唐传承下来的棋待诏制度，有高水平的棋手陪皇帝下棋。二是棋类运动的普及率很高，宋画描绘的对弈画面是宋时日常生活。三是专业的棋谱通过发达的印刷技术得到出版，使棋类运动的传播更广。四是各种棋具常见于市场，而且出现了许多制作精良的高级棋具。五是各种棋类比赛层出不穷，许多规则得以制定。六是许多诗词中提及下棋的场景。现在的杭州，有的棋类爱好者通过各种途径，搜寻到不少南宋时的陶瓷棋子，这可以从一个侧面说明宋时棋坛的盛况。

宋人还把下棋时的"棋品"看作"人品"。宋朝名臣潘慎修曾用孔孟之道来比喻围棋："棋之道在乎恬默，而取舍为急。仁则能全，义则能守，礼则能变，智则能兼，信则能克。君子知斯五者，庶几可以言棋矣。"也就是说，君子下棋，在胜负之外，更可以看出一个人真正的品格修养。

苏东坡曾自称平生有三不如人：着棋、喝酒、唱曲。苏东坡自云"素不解棋"，虽然尝试学习围棋，但是下棋的水平还是一般般。有一天，苏东坡独自到庐山白鹤观游览，看到观中的人们都阖户昼寝，只能在古木流水之间听闻到棋子落下的声音，他便"欣然喜之"。弈棋也是欧阳修晚年休闲生活中重要的一环，他在《新开棋轩呈元珍表臣》中说："独收万虑心，于此一枰竞。"而王安石则说自己是把弈棋当作一件娱乐之事，不在乎胜负，认为不要为这类使人忘忧解愁的游戏费神苦思。

现存最早的且较为系统完整的围棋著作，是南宋御书院棋待诏李逸民编撰的《忘忧清乐集》，书名出自宋徽宗的诗句"忘忧清乐在枰棋"（《宫词》）。书中收录了张拟撰《棋经十三篇》、宋徽宗赵佶御制诗1首、刘仲甫撰《棋诀》4篇、张靖撰《论棋诀要杂说》1篇，以及一些图谱。宋时临安人沈括在《梦溪笔谈》中提到，下棋的顺序依次为我方弱者，敌方强者，我方强者，敌方弱者。用意在于让对方强者无暇下出妙着，令对方弱者对应我方强者之棋，则能胜券在握。可见宋代人对下棋是大有研究的。

　　在泉州海外交通史博物馆，存有宋代的中国象棋。这些小棋子是从南海沉船中打捞上来的，共21枚，均呈圆形，直径两三厘米。这些棋子以树枝横锯成棋坯，用墨书、朱书或双钩朱书棋子名称，以区分"黑方""红方"。属于红方的有"将""士"，黑方有"士""象""炮""车""兵"等。

　　宋人通过下棋切磋，可结交朋友，增进智慧，娱乐生活。当今时代，有时间可以下下棋，中国象棋、国际象棋、围棋都可以。下棋，可以训练人的思维，提升人的智慧，培养大局观念，也可以增添生活乐趣。当今杭州的天元大厦是一个棋文化主题酒店，内有中国围棋博物馆，可见当代杭州人对棋的热爱。

图1-3　《商山四皓会昌九老图》（局部）　〔宋〕李公麟　（辽宁博物馆藏）

3. 书——书法给人以洒脱

书法是指按照文字特点及其含义，以笔法、结构和章法书写，使文字成为富有美感的艺术作品。汉字书法为中华民族独创的表现艺术，被誉为无言的诗歌、无形的舞蹈、无图的绘画、无声的音乐。宋代书法在中国书法史上占有重要地位，书法大家辈出，留世名作极为丰富。宋代是魏晋和隋唐书风向元明清书风过渡的阶段，时代风格十分鲜明。这种风格的形成，既受当时社会历史条件的影响，又是书法艺术本身发展的必然结果。如当时的书法名家苏轼，同时还是文学家、美食家、画家，在文、诗、词等许多方面都有极高的造诣。他在对书法艺术深刻理解的基础上用传统技法进行书法艺术的创作，主要书法作品有《黄州寒食诗帖》《罗池庙碑》《赤壁赋》《丰乐亭记》等。黄庭坚，善行、草书，楷书亦自成一家。米芾被徽宗诏为书画博士，因曾任礼部员外郎，人称"米南宫"，又因举止癫狂，人称"米癫"。其画自成一家，山水画独树一帜；其又擅长篆、隶、楷、行、草等各种书体，特别擅长临摹古人书法，达到乱真程度。他的书法作品常被认为绝伦逸群，其主要书法作品有《蜀素帖》《多景楼诗帖》《珊瑚帖》《研山铭》《向太后挽词帖》《寒光帖》《淡墨秋山诗帖》等。

4. 画——绘画给人以美感

宋朝历代帝王大多热衷文艺，其中有几位至今仍影响着中

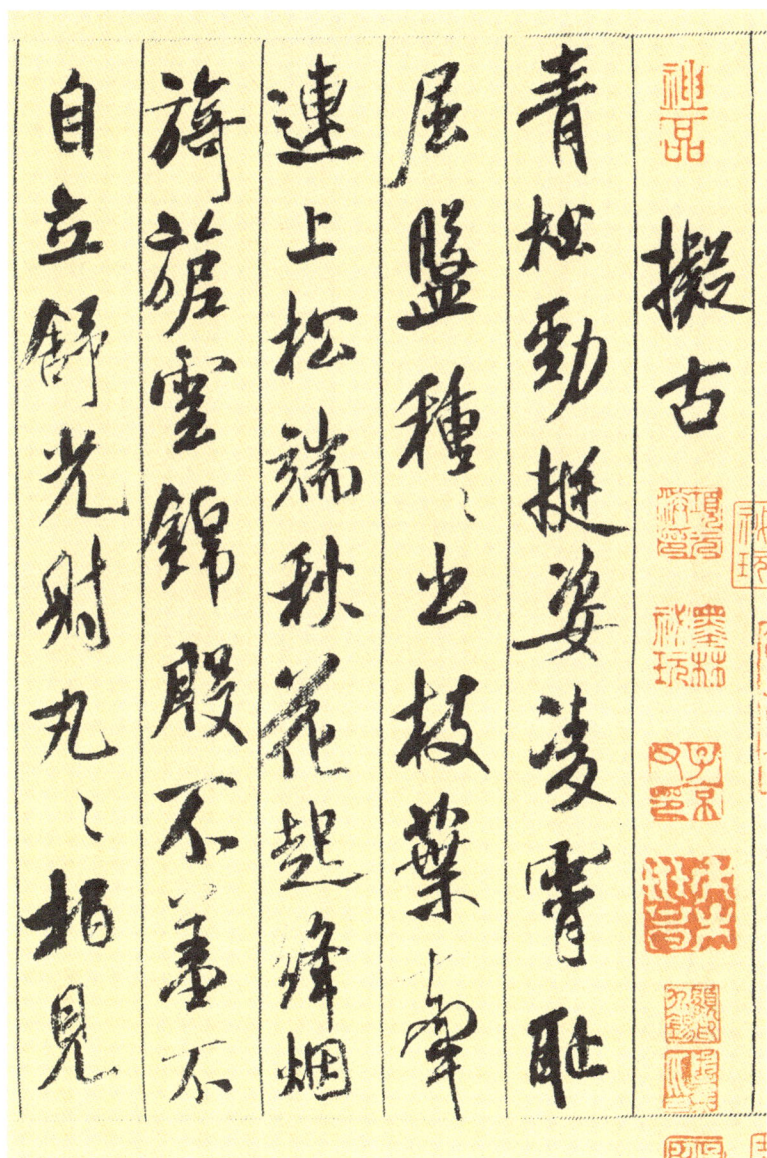

擬古

青松勁挺姿凌霄恥

屈監種種出枝葉軍

連上松端秋花起烽煙

蔣旆靈錦殿不盡不

自立舒光射九之相見

图1-4　《弱素帖》（局部）　〔宋〕宋韜　（台北"故宫博物院"藏）

国画的审美。人称"输了帝国却赢了美"的宋徽宗，将自己独特的美学思想深深烙印在了宋朝的时代脉络中，稳坐"艺术皇帝"的宝座。赵佶未做皇帝时就爱好丹青，当皇帝后，更是对皇家画院分外照顾。他将绘画置于琴书棋玉之上，将其列为文艺之首，并参照科举制度选拔画家，还经常把内府珍藏的古代绘画精品送到宣和画院，供画家研讨。宋徽宗的画构图独具匠心，用笔飘逸洒脱，用色清新典雅，主题丰富多彩，堪称中国美术史上的精品。正因为帝王的推动，绘画艺术得以蓬勃发展和繁荣兴盛，宋代绘画登上后人难以企及的艺术高峰。

宋徽宗对绘画的痴迷也影响了宋朝后来的皇帝。宋高宗在杭州站稳脚跟不久，就开始重视绘画的发展。他在当今杭州望江门一带，建起了隶属皇家的南宋画院，并且广泛招纳名画家入院。南宋画院存在了 100 多年，以高宗、孝宗两朝最盛，画家众多，画技高绝，有姓名可考的画家就有约 120 人，其中李唐、刘松年、马远和夏圭成为雄踞南宋画坛的四大名家，佳作如云，许多成为传世名作。

5. 诗——诗词给人以梦想

相较于唐诗，宋词更加深入生活细节，大量表现日升月落、琐碎平淡的日常生活，并从寻常事物中阐幽抉微，照见人生。如在一石、一泉、一花、一草等寻常风物中寻找诗情与画意。宋人的有些诗词特别唯美，如苏轼写西湖的名篇"水光潋滟晴方好，山色空蒙雨亦奇。欲把西湖比西子，淡妆浓抹总相宜"，

图1-5 《西湖柳艇图》 〔宋〕夏圭
（台北"故宫博物院"藏）

把西湖的美表现得淋漓尽致，他人难以企及。

宋诗传承了唐诗的文化基因，又由于与唐不同的时代背景与社会生活，形成了自己独特的风格。一是关注社会现实，勃发壮烈情怀。在内忧外患的环境下，许多充满爱国热情的诗人感叹时世，以天下之忧而忧，创作了不少激发中华民族热血的传世之作。如陆游的《十一月四日风雨大作》：

> 僵卧孤村不自哀，尚思为国戍轮台。
> 夜阑卧听风吹雨，铁马冰河入梦来。

二是从民歌等中吸取营养，以平易近人、质朴通俗的语言表达心声。如苏轼的《题西林壁》：

> 横看成岭侧成峰，远近高低各不同。
> 不识庐山真面目，只缘身在此山中。

三是情深意切、内涵丰富，突出意境与心境的描绘，用今人的话来说，就是画面感特别强。如范成大的《四时田园杂兴·其三十一》：

> 昼出耘田夜绩麻，村庄儿女各当家。
> 童孙未解供耕织，也傍桑阴学种瓜。

四是题材丰富，从抒怀修身齐家治国平天下的抱负，到品味山水人文、友情爱情的细腻心境，都在诗歌中得到淋漓尽致的体现。如黄庭坚的《雨中登岳阳楼望君山》：

> 投荒万死鬓毛斑，生入瞿塘滟滪关。
> 未到江南先一笑，岳阳楼上对君山。

又如张俞的《蚕妇》：

> 昨日入城市，归来泪满巾。
> 遍身罗绮者，不是养蚕人。

当然，讲到宋代的诗词，还要大书特书宋词。词是一种音乐文学，其产生、发展及创作、流传都与音乐有关。人们常把宋词与唐诗并列，这也说明宋词在中国文学史上的重要地位。词其实起源较早，但是它发展的高峰在宋代。宋代涌现出大量传至后世的著名词作，因此人们便把词作为宋代最具代表性的文学现象和文化特色。从《全宋词》收录流传至今的近两万首词，可以概览词在宋代兴盛之景。人们把宋词主要分为两大派——婉约派（包括花间派）和豪放。婉约派侧重儿女情长，讲究音律，语言婉约，表达清新绮丽。如柳永《鹤冲天·黄金榜上》：

> 黄金榜上，偶失龙头望。明代暂遗贤，如何向？
> 未遂风云便，争不恣狂荡？何须论得丧。才子词人，
> 自是白衣卿相。　　烟花巷陌，依约丹青屏障。幸有

意中人，堪寻访。且恁偎红倚翠，风流事，平生畅。
青春都一饷。忍把浮名，换了浅斟低唱！

而豪放派则完全相反，所作的词热情奔放、荡气回肠。如
人们非常熟悉的岳飞的《满江红·写怀》：

怒发冲冠，凭栏处、潇潇雨歇。抬望眼、仰天长啸，
壮怀激烈。三十功名尘与土，八千里路云和月。莫等闲、
白了少年头，空悲切。   靖康耻，犹未雪。臣子恨，
何时灭。驾长车，踏破贺兰山缺。壮志饥餐胡虏肉，
笑谈渴饮匈奴血。待从头、收拾旧山河，朝天阙。

从这两个方面，也可以品味出宋人的心灵细腻与胸怀辽阔
是并存的。

从古到今，诗人们为什么要创作诗歌？一是抒发情怀，见
山见水见人见物，都会抒发心中之感慨；二是感悟人生，凡写
出好诗的人，一定是有故事的人，也是对人生有与众不同感悟
的人；三是寄情山水，浙江的瓯江山水诗中有许多是这样的诗；
四是讴歌友情，人是社会的人，人与人总是要交往的，于是就
有一些刻骨铭心的情感需要用诗歌来表达；五是触景生情，一
个小小的景象，都会让诗人爆发出无穷的想象力和创造力，于
是就有好诗涌现；六是感叹万物，对世界的认知，对大自然的
认识，都会上升为诗词；等等。正因为人有七情六欲，于是就
有了表达这种情感最好的方式之一——诗词。中华民族数千年

的文明史上，无数先人留下了灿若星辰的诗词歌赋。

6. 酒——饮酒给人以豪情

宋人喜酒，宋代著名画家张择端的画作《清明上河图》，就形象生动而又具体地描绘出宋代酒业发达的状况，图中茶坊、酒肆鳞次栉比，街市行人川流不息，从《清明上河图》中，还

图1-6　《瑶台步月图》　〔宋〕刘宗古　（故宫博物院藏）

可看到其中有酒家设有高层"雅座"。《东京梦华录》中记载的 72 家酒楼，无不展现着大宋酒业的繁荣景象。杭州在南宋时有"酒都"之誉，酒肆林立。《都城纪胜·酒肆》记载，当时杭州著名的官家酒楼约有 10 家。

宋代市场上流行的主要有 4 类酒——黄酒、药酒、白酒和果酒。黄酒可分为清酒、浊酒，其中发酵时间短的是浊酒，不少老百姓家中酿的就是浊酒。药酒和白酒与今天的并无二致，药酒的功效主要是养生，白酒在宋代不常见，像苏轼、陆游这些文人士大夫喝的多为果酒。宋代果酒种类繁多，北方盛产葡萄酒、梨酒、枣酒，而南方则以荔枝酒、椰子酒、黄柑酒和梅子酒最为多见。

7. 花——花艺给人以情趣

宋代是插花艺术的发展高峰期。插花流行于达官贵人间，也风靡于寻常百姓间。陆游曾写过一首《插花》：

有花君不插，有酒君不持。
时过花枝空，人老酒户衰。
今年病止酒，虚负菊花时。
早梅行可探，家酝绿满卮。
君不强一醉，岁月复推移。
新诗亦当赋，勿计字倾欹。

从此诗可见陆游对插花的推崇与喜爱。

宋代，插花已成为整个社会的生活时尚，深入寻常百姓家。宋人经常会买一束鲜花回家，插在花瓶中，装点生活。我们从宋画中，也可以不时见到各类插花艺术造型，体会到宋人对插花的喜爱与推崇。宋人持天人合一的中国传统哲学观，通过插花体会的是静观万物背后时光的变迁。把花木、自然与情感相联系，以花材影射人格。所以，宋人插花，并不是说选用什么花都可以，而是精选具有文化隐喻和精神象征的花卉和其他植

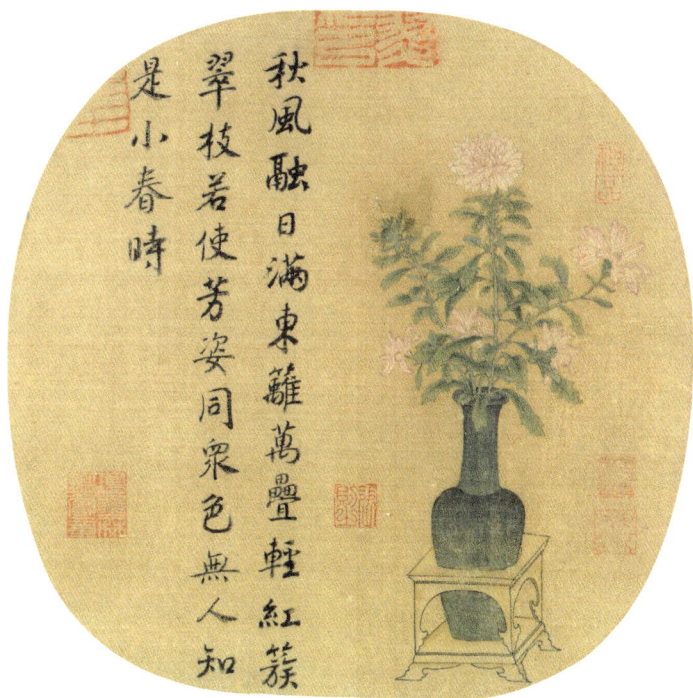

图1-7　《胆瓶秋卉图》　〔宋〕佚名　（故宫博物院藏）

图1-8　《花篮图》（夏）　〔宋〕李嵩　（故宫博物院藏）

物。如选用松、柏、竹、梅、兰、桂、山茶、水仙等表达人生
抱负和审美理想，体现自在纯美的意境。

8. 茶——品茶给人以安宁

　　茶与我们的生活息息相关。中国人种茶的历史极为悠久，
若论其起源就要追溯到汉代，汉人王褒所写《僮约》就有对茶
的记载。中国的饮茶方式先后经过了唐代烹茶、宋代点茶、明
清泡茶和当代饮茶等几个发展阶段。唐代以前的饮茶方式，以
煎煮为主，煮前先将茶叶碾碎，并加入胡椒、盐等调料，饮用时，

将茶渣、茶汤一起喝下。到了宋代，"点茶"成为时尚，所以有"唐煮宋点"的说法。宋代点茶，不放盐，纯粹品尝茶叶的天然清香。

　　中国茶饮在宋代最为盛行，宋徽宗赵佶甚至御笔亲书《大观茶论》，此书成为关于宋代点茶最权威、影响力最大的一部著作，流传后世。宋代点茶在中国茶道史上具有极其重要的地位，宋徽宗在《大观茶论》中记述了点茶的 7 个步骤。

　　宋朝成为历史上茶饮活动最活跃的朝代，民间的饮茶方式更是丰富多彩。当时繁华的临安城，茶肆经营昼夜不绝。茶肆

图1-9　《撵茶图》　〔宋〕刘松年　（台北"故宫博物院"藏）
　　　在画面左边，一名仆役坐在矮几上，正在转动碾盘磨茶。另有一人伫立
　　　桌旁，提着汤瓶似点茶。其左手边是煮水的炉、壶和茶巾，右手边是贮水
　　　瓮。桌上有茶筅、茶盏和盏托。

图1-10　《清明上河图》（局部）　〔宋〕张择端　（故宫博物院藏）
沿河茶肆，一字排开

里面张挂着名人书画，装饰古朴，四季都有鲜花装点，前来饮
茶的人络绎不绝，往来如织。茶肆还是交际、商谈、行业开会、
乐器学习、婚姻介绍的场所。

宋朝茶文化的另一个特色是茶坊文化。《东京梦华录》记载，北宋年间的汴梁，凡是闹市区和居民集中的地方，茶坊鳞次栉比，不仅有供仕女夜游吃茶的茶坊，还有供商贩、市民拂晓时进行交易的早市茶坊。这种茶坊实际上是一种边喝茶边做买卖的场所。汴梁更多的茶馆则是从早开到晚直到夜市结束才关门的全天候茶坊。南宋时临安"夜市于大街有车担设浮铺，点茶汤以便游观之人"（《梦粱录》卷一六《茶肆》），为深夜仍在活动、游玩的吏人、商贾和市民提供饮茶服务。

9.香——品香给人以悟道

要说宋人的雅生活，就一定要提香道。宋人爱品香，如同爱欣赏音乐。香虽细微，却能集宗教、艺术、医疗、休闲、生活日用诸功能于一体。宋人依据香品的来源、用途、用法，以及不同人群、不同场合的需求等，演绎出了五彩缤纷的香文化——香道。

宋代是中国香道发展史上的鼎盛时期，宋朝上层社会消费香料之风盛行，无论公家私家，在各种正式与非正式的场合都频繁用香，且用量巨大，贵族还以香作为馈赠他人的礼物。宋朝皇帝在举办宴饮庆典活动时，也常常赏赐香药给群臣，以示恩宠。除了皇家和达官贵人爱香，香也成为普通百姓追求美好生活不可或缺的一部分，生活中随处可见香的身影。宋代的街市上设有"香铺""香人"，还有专门制作"印香"的商家，甚至酒楼里也有可随时为顾客供香的"香婆"。在南宋官府的

图1-11 《竹涧焚香图》 〔宋〕马远 （台北"故宫博物院"藏）

宴会中，香是不可缺少的。

宋代文人也爱在房间的桌上摆一个香炉，香炉里飘出袅袅轻烟，香气袭人，旁边的文人雅士或专心致志地读书，或下棋，或抚琴，或品茶——香给人带来说不尽的飘逸淡雅。为此，香炉成了他们的日常用具。香炉也是上流社会女子的闺房之中必备陈设，是其生活必需品。李清照的词中就写道："淡荡春光寒食天，玉炉沉水袅残烟。"（《浣溪沙·淡荡春光寒食天》）香炉工艺的成熟和完善，使得焚香文化得以快速发展和普及。从上层社会到底层百姓，几乎人手一个香炉，喝茶聊天也摆个香炉焚个香，显得更有意境和趣味。苏轼《和黄鲁直烧香二首》曾描写焚香之意境：

> 四句烧香偈子，随香遍满东南。
> 不是闻思所及，且令鼻观先参。
>
> 万卷明窗小字，眼花只有斓斑。
> 一炷烟消火冷，半生身老心闲。

中国香文化经魏晋时的发展、隋唐时的传播，在宋时达到顶峰，其后日渐式微。当代人要传承发展中国传统香文化，不仅可以复兴当时精湛的制香工艺，大力发展民族制香产业，还可以学习宋人爱香的雅趣，将香文化融入生活。在一些城市，香道馆已经成为城市不可或缺的一部分，常有香友结伴去香道馆品香。一些文人喜好在绘画、写字、抚琴等雅生活中点上香，在香烟缭绕之中品味生活的美好与优雅，不再让香篆炉烟的妙境只存于诗词书画中。在一些民俗中，中国人也有用香的习惯。香具有药用和日用的双重实用价值，如端午节香囊。有的酒店会在客人的被窝里放一个香囊以助眠。总之，香给人带来的益处是不少的。在发展香产业的过程中，要注重传承发扬传统香道中"天人合一"的体悟文化和求真的精神等。

10. 石——赏石给人以博大

人类的历史与石头紧密联系：新旧石器时代，石头成为工具，体现的是人与自然的关系；进入封建社会，石头成为权力的象征，皇帝的玉玺和官家的大印一盖你就得臣服，这里石头体现的是人与人的关系；宋时，石头已经成为一种精神追求，赏石玩石也成为一种时尚，这里的石头与人的关系体现为人与内心世界的关系。

宋代是中国古代赏石文化的兴盛期之一，宋徽宗大兴"花石纲"，成为全国最大的藏石家。由于皇帝的倡导，达官贵人、绅商士子争相效仿。于是朝野上下，搜求奇石以供赏玩，一度成为时尚。

宋人把赏石上升到理论的高度，宋代赏石文化的最大特点是出现了许多赏石专著，如杜绾的《云林石谱》、范成大的《太湖石志》等。其中仅《云林石谱》便记载石品有 116 种之多，这本书对石头进行了分门别类的深入探讨与研究，列出了各种石头的生产之地、采取之法，并详尽地描述了这些石头的形状、色系、品质优劣，对后世赏石的影响非常大。宋人玩石喜"怪"，南宋赵希鹄的《洞天清录·怪石辨》载"怪石小而起峰，多有岩岫耸秀欹嵌之状，可登几案观玩"，可见当时士人喜将"怪石"作为书房陈设之物。

宋代赏石之风盛行得益于文人雅士的推动。当时著名文人如范成大、叶梦得、陆游、赵希鹄等都是藏石赏石的名家。苏东坡玩石比较随性但非常投入。宋代著名书法家米芾更是"古今第一赏石名家"。据说，在安徽就任无为军知州时，初入官府，米芾看到署衙庭院中立着一块大石，形状奇丑，但憨然无邪，有君子之气，立即命随从帮自己更衣为长袍，整理衣冠，对着

图1-12 《祥龙石图》（局部） 〔宋〕赵佶 （故宫博物院藏）

奇石跪下来就拜。

宋代也是中国园林兴盛时期。城乡到处有人筑园，筑园少不了石头，各种园林中总是通过摆置石头来美化环境。从现在存世的宋画中，可以看到宋代的园林中几乎都置石头，叠成假山，装点风景，这种设计理念至今仍影响着园林设计与建设。

宋人的雅文化与雅生活，对于当代人来说具有不可多得的借鉴和启迪意义。当前，我国社会主要矛盾已经转化为人民日益增长的美好生活需要和不平衡不充分的发展之间的矛盾。美好生活离不开优雅的生活方式。宋人的"十雅"在一定程度上可以成为当代人的生活样板。我们无法实践所有的"雅"，但是可以从中学上一"雅"或几"雅"，有利于陶冶情操、提升品位、丰富生活。

二、打响"优雅浙江"品牌

我们学习了宋人的优雅生活，还可以做一件事，就是打响"优雅浙江"品牌，把其作为浙江省突出的省域文化符号。

近年来，全国各省（区、市）都非常重视本省品牌的提炼与宣传，比如"好客山东""老家河南""多彩贵州""七彩云南""清新福建""天府之国——四川""塞上江南·神奇宁夏""京畿福地·乐享河北"等。这些宣传推介，对提升这些省（区、市）的知名度和美誉度，推进旅游产业发展，增强当地人民的自豪感，都起到了很好的作用。

"优雅浙江"是一个很好的选项。"优雅浙江"从全国来看都具有独特性。浙江能够提出这个省域品牌，因其具有悠久的历史积淀、现实的发展要求、坚实的发展基础，并且符合当地人民群众的美好愿望。

1. "优雅浙江"有很深的历史积淀

一方水土，一方文化，浙江从南宋开始一直是中国历史上"雅文化"的制高点之一。浙江自南宋以来，经济发展，科技进步，人口大量迁入，带来了社会的空前繁荣，也将文化推到一个空前发达的高度。浙江，尤其是杭州的繁华，曾让历史上很多文人墨客惊叹，其居民的衣食住行、宴会招待、文化娱乐等都讲究品位，崇尚精致典雅的生活美学在当时得到全面发展。优雅生活对于当代生活具有极大的借鉴意义与参考价值，可以让人从中领悟许多生活的品质与情趣，也是高品质生活的充分表达与全面体现。

2. "优雅浙江"是共同富裕的重要体现

浙江建设共同富裕示范区，既要有物质上的富裕，更要有精神文化上的富有。2020年浙江全省居民人均可支配收入为52397元，城镇和农村居民人均可支配收入分别为62699元和31930元，从物质的共同富裕来说已经有了很好的基础。浙江的共同富裕离不开老百姓幸福感的提升，而幸福感的提升是需要通过满足精神与文化需求来实现的。

人类的生活主要由 3 种生活构成，即物质生活、社会生活、精神生活。精神生活的富足，是人最高层次的生活体验。精神生活的富裕就是人们在社会实践活动中主观世界不断得到改造完善，精神需求不断得到满足，精神生活不断得到充实提高的过程和状态。精神生活共同富裕，应当包括社会的精神生活富裕和个人的精神生活富裕，是两者的有机结合。人的精神生活富裕的内涵是非常丰富的，其本质与核心是人的素质的全面提高与协调发展。社会发展的实质是人的发展，人是自然存在物、社会存在物和精神存在物的统一体，因而人的素质包括自然素质、社会素质、精神素质。

在建设共同富裕示范区的过程中，实现人的精神生活共同富裕有一个不断提升的过程，要经历 4 个基本层次：一是精神生活满足层次，即满足基本的精神需求；二是精神生活消费层次，即满足自我实现与价值认同的精神需求；三是精神生活愉悦层次，即满足人们对生命、生活、人生价值认同的精神需求；四是精神生活升华层次，即人的思想境界得到极大提升，形成正确的社会价值观与家国情怀。

精神生活富裕与物质生活富裕具有互为条件、互为目的、相互依存、相互渗透的辩证关系。一方面，物质生活富裕是精神生活富裕的基础。经济建设搞好了，就会给精神富裕提供充分的物质条件。另一方面，精神生活富裕为物质生活富裕提供了价值导向、精神动力和智力支持。精神生活富裕具有相对独立性，它可以引导人们树立共同的理想信念。个人一旦树立了这种信念，就会把自己的思想、情感、意志、价值追求都集中到这个目标上来。这种内化的精神情感会促使主体以极大的热情投身社会生产和实践，从而推动物质生活富裕目标的实现。对于个人而言，只有坚持追求物质生活富裕和精神生活富裕的统一，人生才有价值和意义，个人才能获得真正的幸福，进而实现全面发展。在共同富裕示范区打造过程中，我们可以通过推进"优雅生活"，推进精神文明建设和思想道德建设，进一步丰富人民群众的精神文化生活。"优雅浙江"是共同富裕示范区的应有之义。

3. "优雅浙江"是打造全面展示新时代中国特色社会主义制度优越性重要窗口的内容之一

打造"优雅浙江"品牌，以"到浙江品味优雅生活"为国际旅游口号，既具有地域独特性又具有国际号召力，对国际游客会有不可多得的吸引力，可以成为浙江在世界上确立自己独特的旅游品牌和知名度的一个叫得响的 IP。"优雅浙江"也是满足人民群众对美好生活需要的重要途径，是浙江人民美好生活需要的重要组成部分。为此建议：

（1）加强对"优雅浙江"的理论研究

进一步深入研究和提炼"优雅浙江"的内涵与外延，研究雅文化的理论内涵、历史渊源、生活创造和文化传承，为打造"优雅浙江"打下坚实的理论基础。以创新的方式，打造"优雅浙江"的标志、代言物、宣传短片等，通过各种媒体大力度的宣传推介，形成一股强大的宣传声势与推介热潮，争取做到家喻户晓、妇孺皆知。同时，加强在国际上的宣传推介，通过组织"浙江优雅生活展示周"等活动走向世界。通过推动"优雅浙江"建设，提升浙江人的文化素养和文化品位，让大家争做"优雅生活的浙江人"。

（2）大力发展"优雅"产业

浙江正在着力打造文化创新高地，展现文化引领驱动、形神融合兼备的新气象。要写好文旅融合的文章，推进文旅标志性知识产权和"金名片"培育工程建设。要写好跨界拓展的文章，深化文化与科技、传统制造业、服务业、体育、教育、金融等领域的全面跨界融合。要写好文化"出海"的文章，融入长三角一体化发展、"一带一路"建设等重大部署。

打造文化创新高地，发展壮大文化产业，要高度重视发展"优雅"产业，推动音乐、棋类、书法、美术、诗词、品酒、观花、饮茶、悟香、赏石等相关的"优雅"产业的发展，更好地满足人们对优雅生活的需求。把"优雅"产业作为浙江文化产业中一个重要组成部分来打造，建议结合之江艺术长廊和"四条诗路"文化带的建设，对发展"优雅"产业做出专题的发展规划，推出专门的扶持政策，创造最好的发展环境，让"优雅"产业成为浙江文化产业中的新亮点和新增长极。

（3）将杭州打造成优雅生活体验区和展示区

推进优雅生活文化设施的建设，让人们更加便捷地参与和享受优雅生活。要打造一批优雅生活体验馆、名人纪念馆、匠人坊等，让南宋优雅生活文化体验式展现。举办优雅生活艺术节、音乐节、书画展会、河畔森林音乐会、小巷品读会等，提升优雅生活的影响力，影响更多人群，特别是年轻人。创建优雅文化生活国际体验区，推出一批具有国际知名度的优雅生活文化活动，推动国际合作交流。

（4）开展优雅生活交流与展示活动

制作优雅生活相关视频，让人们能在互联网上学习优雅生活方式，并通过互联网开展相互学习讨论与借鉴活动。同时，各级文化部门要把优雅生活作为群众性文化艺术活动的重要内容，作为文化下乡和文化志愿服务的重要任务加以深入推介，让人们充分参与优雅生活、共享优雅生活、创造优雅生活，把优雅生活融入人民群众的日常生活，从而夯实浙江优雅生活的社会基础。

第
二
篇

旅游创意

穿越到宋朝去走走看看

　　旅游是一个常说常新的话题。文化与旅游的融合发展，也是一个比较热门的话题。当诗与远方结合，旅游就不再只是看看风景，还是一种体验，一种学习，一种领悟，一种情怀。从旅游的视角看宋韵文化，从宋韵文化的视角看旅游，我们才能提炼出能推动旅游发展的宋韵文化元素，也就是找出宋韵文化中能转化为旅游项目的文化元素，从而促进宋韵文化与旅游融合发展。

一、南宋旅游业发展的盛况

　　南宋人很喜欢旅游，当时的旅游业很是繁荣。南宋发达的工商业、便捷的交通工具、日益繁荣的服务业，以及市民阶层的发展壮大和休闲生活方式的流行，都对旅游业的发展起到了推动作用。

　　南宋时的杭州有得天独厚的旅游资源：拥有悠久历史文化

图2-1　《雪山行骑图》　〔宋〕佚名　（故宫博物院藏）

的西湖，就坐落在繁华的杭州城边，经过几次疏浚，越来越秀美，但见一泓清清的湖水，周边满目青山，自然是旅游的绝佳去处。宋末元初出版的《武林旧事》卷五《湖山胜概》就详细记录了南宋时期西湖周边可供人们游览的处所，包括楼、堂、亭、园、寺、庵、观、院、山、洞等在内的由来、位置、兴废和景观。《武林旧事》卷三有一篇《西湖游幸（都人游赏）》，说："西湖天下景，朝昏晴雨，四序总宜。杭人亦无时而不游，而春游特盛焉。承平时，头船如大绿、间绿、十样锦、百花、宝胜、明玉之类，何啻百余？其次则不计其数，皆华丽雅靓，夸奇竞好。"这种描述，可以让人想象出当时湖面上百船争奇斗艳的盛况。

　　现在杭州十分著名的"西湖十景"的雏形就是在南宋时形成的。所谓"西湖十景"是指杭州西湖的 10 处经典景观，也就是苏堤春晓、曲院风荷、平湖秋月、断桥残雪、花港观鱼、柳浪闻莺、三潭印月、双峰插云、雷峰夕照、南屏晚钟，是围绕着西湖分布的。有人说，西湖十景中，有春、夏、秋、冬四季的景象，有早晨、中午、黄昏的景象，有听的、看的，把西湖的美展现得淋漓尽致。南宋时杭州城内南北宽 10 余里，贵宅、庙居、幽园、雅舍不下百余处，御园、王府、大小庭园不计其数。许多名园就分布在杭州城内，如清波门外的聚景园、城东新开门外的富景园、五柳园，雷峰塔附近的真珠园，葛岭的集芳园，孤山的延祥园，钱塘门外的玉壶园，南山长桥附近的庆乐园，等等。当时的杭州就已经形成三面湖山一面城的格局，也形成了画一般的美好景致。

　　南宋还出版了许多介绍西湖景观的专著，如《西湖老人繁

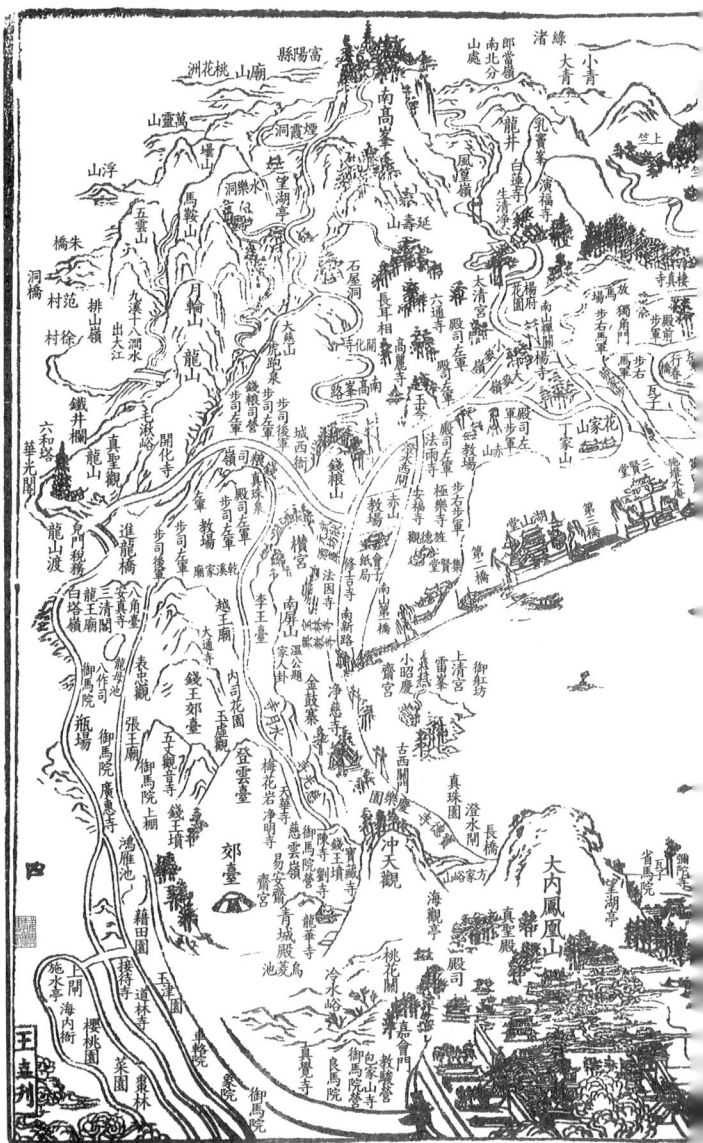

图2-2　宋《咸淳临安志》中《西湖图》复原图　（姜青青复原）

图2-3 《西湖图卷》 〔宋〕李嵩 （上海博物馆藏）

胜录》、耐得翁的《都城纪胜》、吴自牧的《梦粱录》、周密
的《武林旧事》等。这些著作，都从不同侧面描绘了西湖的繁
华景象。如周密写的《武林旧事》——武林是杭州的别称，古
时灵隐、天竺一带群山总称武林山，杭州因此得名武林。这本
书专门记录了南宋都城杭州的皇家建筑和名胜古迹，其罗列的
皇家宫殿建筑包括门、殿、楼、阁、亭、台等21类共300多处，
还有西湖周边名胜古迹共几百处，其中虎跑、龙井、苏堤、断
桥等直到今天仍然是驰名中外的旅游胜地。

　　旅游的景点多了，游客就多，旅店行业就蓬勃发展起来了。

当时各类旅店遍布杭州全城。今天位于中山南路附近的南宋御街，就是宋时杭州旅店分布最密集的地方。应试的士子与应考生员多下榻在了贯桥、贡院一带的旅店。而文人墨客就特别喜爱临近西湖的旅馆。著名的诗文"山外青山楼外楼，西湖歌舞几时休？暖风熏得游人醉，直把杭州作汴州"（《题临安邸》）就是南宋诗人林升写在旅店墙壁上的，后来被人们争相传诵。这首诗描绘了当时杭州城的特征：重重叠叠的青山，鳞次栉比的酒楼，西湖边昼夜不休的热闹歌舞，以及游人如织的景象。还有，武林门附近的"怀远驿"，是专门用来接待外国商人的。

当时的工商业极为繁荣，南宋与 20 多个国家都有贸易往来，所以来杭州做生意的外国商人也特别多，于是就有了南宋的"国宾馆"——怀远驿。

对于宋时杭州的旅游盛景，不少文人雅士做出了高度评价，苏轼在杭州为官期间就盛赞西湖的旅游文化，他在《怀西湖寄晁美叔同年》一诗中写道："西湖天下景，游者无愚贤。深浅随所得，谁能识其全。嗟我本狂直，早为世所捐。独专山水乐，付与宁非天。"可见宋时，旅游在这些城市主管者心中的地位。

二、世界城市文化旅游给我们的启示

若论现在如何利用宋韵文化推进旅游业发展，则既需要上溯宋代，也需要把眼光投向当下世界旅游业的整体发展情况。世界城市旅游发展有以下几个特点。

1. 文化和旅游有机融合，用文化打造旅游品牌

文化和旅游融合发展对文化遗产保护、城市社会经济发展、文化理解力增强、文明交流互鉴具有积极推动作用。欧洲各国的城市文化旅游发展比较早，很多地区具有大量的文化遗产资源，因此城市文化旅游在欧洲很早就发展起来了。欧盟统计局资料显示，在很长一段时间里，西班牙、法国和意大利是欧洲最具吸引力的旅游目的地，而英国和德国则是欧洲最大的旅游消费市场和

最大的文化游客市场。又如虽然历史不长，但坐落在詹姆斯河与约克河间的美国古城威廉斯堡，由于完整地保存了18世纪英国殖民地时期的城镇风貌，成为美国著名旅游胜地之一。文化与旅游的相互渗透、互相转化、深度融合是满足人们追求高品质旅游的必由之路。许多国家认为，文化和旅游融合发展的内在价值在于，不仅能够产生巨大的经济效益，为旅游目的地创造更多的就业岗位，吸引外来投资，增强经济发展的活力，同时也能够让人们在文化旅游中增强相互之间的文化认同与文化理解，提升了当地人的文化自信，塑造了城市的文化形象。文化是旅游的资源，旅游是文化的市场。文化是旅游的灵魂，旅游是文化的载体。两大产业相互交融、相得益彰：文化有利于提升旅游的特色化、品质化、效益化；旅游有利于提升文化的吸引力、竞争力、影响力。旅游为文化传承提供了新的空间和新的渠道，也为文化创造注入了新的动力。

2. 重视文化遗产保护开发，实施"区域复兴"计划

在旅游与城市文化的融合发展中，首要问题是如何在文化保护与城市发展中，处理好保护与发展的关系，为此，许多国家倡导对文化遗产古老城区实施"区域复兴"计划，使文化遗产保护和城市发展处于良性互动的状态之中。"区域复兴"计划是西方国家在20世纪提出来的。如欧洲的许多城市都是古城，既需要保护，也需要发展。为此，欧洲在城市发展过程中，在充分重视古城保护的基础上，实施了产业功能转型、传统产业

现代化改造、管理制度变化、区域政策调整、城市改造与振兴、生态环境治理、基础设施重建、区域形象提升等一系列举措。"区域复兴"计划成为目前西方城市在保护文化遗产的基础上提升城市竞争力的主要手段之一。如德国的鲁尔地区就是样板：对古老城市的文化遗产资源再利用，既达到了保护的目的，又带来了经济收益，并通过城市规划，优化城市布局，实现了文化遗产保护和城市的协调发展。又如新加坡：政府把文化遗产既作为一种经济资本，又作为一种社会资本，将保护作为发展的前提，将发展作为保护的目的。新加坡在文化保护和经济发展过程中形成了类型各异的文化区域，如位于中央商务区的以历史遗迹唐人街"牛车水"为核心的文化区域。该区域大多数建筑是按照原先的样子进行修复重建的，与19世纪40年代"店屋"一致。浓郁的历史氛围、可调整的内部结构、便捷的商务区——该区域用区域集聚优势吸引了文化产业中大批成熟企业和一些新兴公司，推动了区域文化的活化，用文化推动了区域经济的发展。这就是新加坡的"区域复兴"。

3. 以法律法规达成保护发展共识，采用文化遗产再利用模式

例如，欧美、新加坡等国家和地区都十分重视从国家和政府层面加强对历史文化遗产的保护，制定法律法规以保护文化遗产，同时实施有利于城市和文化旅游协调发展的国家政策。如美国的《国家历史保护法》，确立了联邦、州、地方各级保

护体系，对各类文化遗产、历史遗存及历史生活场景构建了完善的法律保护体系。这种法律保护体系的建立对西方世界的影响比较深远。如意大利宪法明确规定，意大利共和国负责保护国家的艺术、文化和自然遗产。《文化和自然遗产法》规定，未经有关部门批准，禁止对考古、历史和人类研究领域有价值的文物进行任何形式的拆除、翻新或修复。此外，意大利还颁布了一系列法律法规，如《文化产业补贴优惠法》和《文化遗产和景观法》。在旅游业方面，意大利旅游法明确界定了国家在旅游业中的职能，明确规定了旅游职业、市场秩序、商业活动、旅行社、私人主体和公共机构的权利和义务。意大利还设有"文物监督员"，专门负责对文化遗产保护的监督管理。此外，不少国家注重动员社会力量参与文化遗产保护，对于个人、企业、非政府组织等参与文化遗产保护有着较好的奖励制度。文化遗产再利用模式已经成为欧美社会普遍接受的一种私人资本介入文化遗产保护的模式。这种模式通过对历史文化遗产重新开发利用，让其融入当下的社会生活，使得文化遗产在受保护的基础上充分发挥经济效益。如英国政府发布的《保护准则、政策与实践》明确指出，文化遗产是一种共享资源，欲使历史文化得以延续，就需要每个人参与其中。文化遗产的保护、活化与开发离不开民众的广泛参与，有大量成年公民曾向文化遗产机构捐赠或定期在文化遗产机构担任志愿者。又如意大利，除了让国家统一管理全国的文化遗产外，政府还积极鼓励"我们的意大利""意大利历史建筑协会""意大利环境基金会"等民间团体在推动政府建立法律、健全制度、保护遗产、社会宣传等方面发挥作用。此外，意大利政府在文化遗产保护工作中特别注重公众参与：遗产景区实行低价门票制，针对不同群体、不同时期实行门票优惠；定期组织学生参观文化遗产；针对公众，积极策划不同形式的文物宣传和推广活动。

4. 以世界文化遗产增强号召力，以文化遗产定义旅游

截至 2021 年 8 月，世界遗产共有 1154 项，分别位于 167 个国家。其中文化遗产 897 项，自然遗产 218 项，文化与自然双重遗产 39 项。这些世界遗产成为世界旅游的主要目的地。独一无二的历史遗迹，不同一般的展品，稀有类型的文化遗产，成为在别处无法体验的旅游吸引物。了解和感知世界遗产，是当下世界旅游的主要目的之一，也是世界旅游业发展的内在推动力之一。如欧洲有着悠久的历史、深厚的文化底蕴，拥有数量最多的世界文化遗产。欧洲把文化遗产与旅游产业的发展紧密地结合起来，取得了极好的效果，以至于其城市文化旅游极为发达。德国旅游局主推德国世界文化遗产品牌，利用德国丰富的文化旅游资源——保护完好的古城、公园、自然风光、工业文化遗产、城堡、教堂等，吸引各国游客到德国开启时光之旅。又如意大利，是古代西方世界的政治文化和经济中心，留下许多历史非常悠久的文物、历史遗址等，包括庄严肃穆的大教堂、藏品丰富的博物馆、巧夺天工的宫殿。可以说，每一件文物、每一处历史遗址就像一本本写满历史故事的教科书，让每一个

来意大利旅游的人流连忘返。又如英国，其城市文化旅游也可称为世界的典范。再如西班牙，位于欧洲和非洲、大西洋和地中海的咽喉位置，是欧洲文明和伊斯兰文明融合之地，有古罗马人修的输水道和摩尔人修的清真寺，从而形成了独具韵味的文化遗产集聚地。西班牙除了毕加索之外，还有著名的建筑师安东尼奥·高迪，他一生所设计的建筑有 7 处被联合国教科文组织列为世界遗产。因此，西班牙的文化旅游业十分发达，具有很强的市场影响力。

5. 策划各种文化项目，推出"文化之都"活动

　　欧洲为了加强对文化旅游城市整体形象的打造，为了形成欧洲旅游的整体优势，推出了"文化之都"活动，每年评选出几个具有代表性的城市，授予其"文化之都"的称号。这些城市会安排各种文化活动，全面展示自己的文化遗产和文化成就，并加强与欧洲及世界其他国家和地区的文化交流。多年来，"文化之都"活动取得了良好效果，有效地扩大了相关城市的影响力，促进了欧洲文化形象的提升，推动了城市经济的稳步发展。如英国伦敦着力将自身打造成一个富含卓越性与创意的世界级文化旅游中心城市。英国是博物馆的发祥地，也是世界上博物馆数量众多的国家之一。参观博物馆和画廊，成为大多数境外游客到英国旅游的主要目的之一。特别是伦敦，整座城市从内到外散发着的迷人的文化气息，使其深受外国游客青睐。大伦敦管理局一位负责人曾经说，来伦敦的游客七成是为了解和观

赏伦敦的文化。英国的演艺剧目也不断推陈出新，各种类型的艺术表演比比皆是，比如爱丁堡国际艺术节、诺丁山狂欢节、伦敦市长泰晤士河畔节等大大小小几百个艺术节吸引着国内外游客。又如新加坡，大力发展文化会展业，每年举办众多大型国际赛事、国际会议，推动城市文化和旅游产业的发展。

6. 加大政府扶持力度，实施可持续保护政策

很多国家以直接投资、减税和设立旅游发展基金等形式来支持文化旅游业的发展。如：巴西政府每年向旅游公司投入一定资金，而且对经旅游委员会批准建造的饭店豁免 10 年内一切的联邦税收。英国早在 1969 年颁布的《旅游发展法案》中就规定，对英国境内新建或扩改建的饭店，按照实际开支给予补贴或优惠贷款，补贴可高达 20%，或每增一间标准客房资助 1000 英镑。墨西哥旅游相关法律规定设立全国旅游发展基金。新加坡和泰国征收的旅游税收仅为营业收入的 10%。在以色列，无论是境内资本还是境外资本，只要是投资重点旅游项目的，就可获得占总投资额 25% 的政府补贴。法国政府对重点旅游项目实行补贴、减税、奖励等政策。土耳其对文化遗产实施可持续保护政策，采取以下措施：制订和完善可持续发展的遗产保护计划及相应修缮方案；限制城市人口的增加；明确权力和责任，统一出台《城市和环境保护法》；加大对地方政府的技术支持，增加资金投入；建立遗产保护委员会，由城市规划专家、设计师、建筑工程师、考古学家、艺术家和其他相关专家等组成；加强教育，让公民

尤其是青少年了解国家的文化多样性和文化遗产，使其积极参与遗产保护工作。

从我们考察得来的这些有关世界城市文化与旅游融合发展的经验来看，推进宋韵文化与旅游融合发展，我们可以做的事有很多，可以考虑从以下这些方面着手：一是进一步加强宋韵历史文化的"区域复兴"。也可以实施我们的"区域复兴"计划，在相关区域，包括杭州、绍兴等地，做好南宋文化遗址的保护与修复工作，特别是杭州南宋皇城遗址和绍兴宋六陵区域的保护与修复工作。二是进一步强化世界遗产在文化旅游发展中的品牌作用。在长三角地区，杭州是唯一一个拥有 3 项世界遗产的城市，要打响"看世界遗产到杭州"的旅游口号，进一步做大做强杭州等地的世界遗产文化旅游品牌，增强杭州的旅游号召力，进而辐射整个浙江。三是借鉴欧洲评选"文化之都"的经验，与长三角地区其他城市共同打造长三角"文化之都"品牌，加强长三角地区城市之间旅游发展的融合与合作。我们也可以积极参与世界"文化之都"的活动，举办中国自己的"文化之都"活动，形成中国自己的文化旅游品牌优势。四是提升浙江旅游产业发展的层次，让"品味宋韵文化生活方式"成为一种旅游目的。五是进一步把"夜宋韵"的旅游品牌做好，延长游客在浙江的逗留时间，增加其消费支出。游客在夜间旅游时的消费支出是远高于其日间旅游的，故可着重加强对夜间旅游产品的打造。

三、挖掘宋韵文化旅游价值

从具体的文化旅游内容与形式来说，我们可以着重从以下 7 个方面来提炼和梳理宋韵文化，并把它与旅游产业的发展紧密地结合起来。

1. 打造"研学宋韵、品读思想"旅游项目

中国的旅游业经过改革开放 40 多年的发展，已经向更高的层次迈进，从游客对旅游的体验来看，旅游发展已经经历了 4 个阶段：第一阶段是感官体验，是"饱眼福"的阶段，这是旅游的最低层次。第二阶段是心情愉悦，是"饱心情"的阶段，如为了寻找快乐，把自己融入风景之中，让心灵在风景中放松。第三阶段是情感共鸣，是"饱情感"阶段，如人们在旅游目的地找到自己的情感所寄，如到乡村寻找儿时的乡愁。第四阶段是思想升华，是"饱思想"阶段，就是通过旅游得到思想上的启迪与升华。中国旅游发展到第四阶段，研学已经成为现在许多游客旅游的目的。

宋代是一个充满思想的朝代。我们完全可以把研学与寻找思想作为浙江文化旅游的重要目的之一。宋代理学是继先秦子学、汉代经学等之后中国传统思想的又一座学术高峰。它是宋韵文化的重要思想内涵之一，呈现出以义理为主的学术形态，在发展过程中表现出学派林立、系统完备、三教融通、批判创

新的特点。南宋时期，在崇文政策的推动下，知识分子的思想极为活跃，儒家学派间互争雄长和欣欣向荣的景象维持了近百年。南宋时期，浙东有永康学派、永嘉学派、金华学派等，奠定了"浙学"的思想基础，与当时朱熹的理学、陆九渊的心学呈鼎足之势。宋时中国与东亚其他各国的学术思想和民族文化的交流融合也十分广泛深入，对现代东亚社会的政治、经济、思想文化、社会生活、家庭关系等方面有着重要影响。可以把浙江宋韵思想的研学游打造成新时代浙江旅游的一张"金名片"，借鉴宋代兴办书院的做法，推动社会力量兴办更多的文化书院，开展国学各方面的研学活动。

2. 打响"崇尚精神、激励意志"旅游品牌

在新时代，到浙江寻找精神家园——这是当下浙江旅游与文化融合中一个重要的发展方向，也是宋韵文化旅游中值得开发的一项重要内容。当代的中国旅游，也慢慢开始追求精神的洗礼与熏陶。千百年来，浙江有钱塘江弄潮儿精神、大禹治水精神、越王勾践的卧薪尝胆精神，有宋朝著名将领宗泽、岳飞、文天祥的爱国精神，有鲁迅的硬骨头、秋瑾的铮铮铁骨，更有嘉兴南湖的红船精神、台州大陈岛的垦荒精神和"干在实处、走在前列、勇立潮头"的浙江精神，等等。"到浙江寻找精神"是一个极为响亮的旅游口号和特色文化符号。在推进宋韵文化与旅游融合发展的今天，也要注意高度重视把精忠报国精神发扬光大。在南宋文化节及其他各种活动中，把宋韵文化蕴含的

家国情怀和忧患意识有机地融于其中，作为一种爱国主义教育和精神激励的机制。

3. 让"寻找文学故事"成为文学爱好者集聚浙江的理由

浙江是中国文学发展的高地之一。在当代，茅盾文学奖、鲁迅文学奖、郁达夫小说奖等都把浙江作为永久颁奖地，可见浙江在中国当代文学史上的地位。

宋代文学在中国文学史上独树一帜。现存宋代文学作品不仅数量巨大，而且在内蕴特质、艺术表现上也有自己独到之处。宋代文学涵盖了诗、词、散文、话本小说、戏曲剧本等。宋代文学在中国文学发展史上有着重要的历史地位，它处在一个承前启后的阶段。文学在宋时完成了两个重心的转移：一是由北方向南方的转移；二是由殿堂向民间的转移。宋代继唐代以后出现了又一个诗歌创作高潮。宋代诗人大都一生勤奋写作，作品众多，留世作品也不可胜数。如现存苏轼的诗有 2700 多首，杨万里的有 4200 多首，陆游的有约 9300 首。这充分说明了宋诗的繁荣兴盛。陆游是南宋杰出诗人的代表，其诗歌取材广泛，意境广博，诗风激扬，独具一格。还有"永嘉四灵"① 专攻五律，

---

① "永嘉四灵"，指南宋浙江永嘉籍诗人徐照（字灵晖）、徐玑（号灵渊）、翁卷（字灵舒）、赵师秀（号灵秀）。因 4 人字或号中都有"灵"字，故名。他们生活之地是优美的瓯江与楠溪江之畔，是山清水秀、渔家唱和的鱼米之乡。他们寄情于山水，咏叹闲情野趣，其诗风清瘦野逸，以平和淡雅见长，代表南宋后期诗歌创作上的一种倾向。

自成一家。

平常我们说"唐诗宋词"，可见宋词在文学史上的地位。词作为新兴的诗歌形式，从隋唐发轫，至宋代进入鼎盛时期。宋词为宋代文人雅士艺术创作的精华，代表宋代文学的最高成就。因是合乐的歌词，宋词句子长短不一，便于歌唱。南宋著名词人有辛弃疾、李清照、陆游等。

宋代是中国散文史上一个重要的发展阶段，在300多年间出现了众多散文作家。"唐宋古文八大家"中，宋人就占了6位（欧阳修、苏洵、苏轼、苏辙、王安石、曾巩）。

话本的出现，标志着中国小说的发展已进入一个新的阶段。宋时的"话"是故事的意思，说话就是讲故事，说话的底本就叫"话本"。讲佛经中的故事，叫说经；讲历史的事，叫讲史；讲传奇、灵怪、公案等故事，叫小说。其中要数小说最受欢迎。

南戏的出现也标志着中国古代戏曲艺术的成熟，为中国戏剧的发展奠定了雄厚基础。南戏是北宋末至元末明初在中国南方地区最早兴起的汉族戏曲剧种，被誉为"百戏之祖"。南戏是以宾白和曲牌联套相结合，以歌舞形式演绎故事的中国早期戏剧表现形式。南戏甫一诞生，就深受百姓喜爱，很快向南北流传，在发展历程中，逐步衍变为海盐腔、余姚腔、昆山腔、弋阳腔"四大声腔"，其影响力一直延续至今。今天中国南方的戏剧仍然受它的影响。宋代的小说和戏曲为元明清小说和戏曲的大发展奠定了坚实的基础，创造了良好的条件。

改革开放以来，浙江的文学事业进一步蓬勃发展。当前，基于杭州互联网产业的高度发展，浙江网络文学在世界上享有盛名。今天，中国网络文学已经发展到了一个惊人的规模，据统计，截至 2021 年底，中国网络文学用户规模为约 5.02 亿人。网络文学的海外传播已经成为热点，中国网络文学作品通过网络文学网站的翻译和图书的出版，遍及北美、欧洲、东南亚等地区。浙江是互联网强省，在互联网强劲发展的态势下，其网络文学发展一直走在全国前列。浙江是全国第一个成立网络作家协会的省份，杭州是中国作协网络文学研究院和中国网络作家村所在地，每年举办中国网络文学周，网络文学发展势头十分强劲。杭州成了集网络文学人才聚集、作品助推、评论研究、作家培训、产业延伸、版权交易"六个中心"于一体的"中国网络文学之都"。

在推进浙江宋韵文化旅游的发展中，要打好宋韵文学品牌，可以举办"到杭州品读宋韵文学"系列活动，如宋韵诗词朗诵会、散文品赏会、戏剧票友会、小说漫谈会等，以丰富旅游项目种类，促进旅游和文学活动相结合，从而吸引文学爱好者。还可以把宋韵文化与网络文学结合起来，从宋韵文化中可以发掘出无穷的网络文学题材。光南宋的历史传奇、民间故事、名人逸事等就可以衍生出许多网络文学作品。为此，可以举办"宋韵文化与网络文学"论坛，吸引世界各地对宋韵文化和网络文学有兴趣的人来杭州研讨。也可以在中国网络文学周等活动中，推出宋韵文化主题，让更多的网络作家关注这个主题，创作出更多更好的关于宋韵文化的网络文学作品。同时，进一步将这些作品改编为影视、游戏、短视频等产品，举办相关的博览会与研讨会，形成文学旅游的新热点。

4. 开发"宋代绘画、鼎盛江南"美术类旅游产品

宋代是中国绘画史上的鼎盛时期。潘天寿认为："吾国画法，至宋而始全。"（《中国绘画史》）宋高宗迁都杭州不久，便重建了皇家画院，网罗画家。其在戎马倥偬之际，便开始收集书画珍品。宋代绘画中的造型、装饰与总体效果堪称中国工艺美术的典范，成为后世画家争相仿效的对象。宋代的绘画是中国绘画艺术发展史上的一个高峰。这与宋朝的帝王及宗室子弟多具艺术禀赋、修养、兴趣有关。宫廷绘画是当时绘画发展的主流，江南的自然和人文环境，使南宋绘画独具一格。山水画仍是该时期重要的绘画类别，一部分山水画家如马远等所描绘的是地方山水的景致，一改北宋大山大水、全景式描绘的构图，变成了具有概括的用笔、严谨的章法和高度剪裁的边角特写的新格局。人物画着重挖掘人物的精神状貌及动人的细节，注重塑造性格鲜明的艺术形象。花鸟画着重进行形象提炼，有着高度的写实性。而千姿百态的西湖画充分显示了南宋画的特色。此外，其时的文人士大夫画作在主观表达和笔墨效果的探索上亦有较大的贡献。

今天的杭州是中国美术学院所在地，在中国美术界具有十分重要的地位。从旅游的角度看，实地绘画写生、品鉴美术作品、研讨交流创作等都是很受欢迎的项目。人们去欧洲旅游时参观博物馆，一个很重要的方面就是观看美术作品。许多人到法国卢浮宫，就是为了看《蒙娜丽莎》。浙江省文化会堂曾举办"心灵的畅想——梵高艺术沉浸式体验"活动，观者蚁拥蜂攒，这

说明欣赏美术作品是一种很受欢迎的活动。浙江丽水一个小小的古堰画乡，一年来写生的人数就可以达到 15 万。如果把宋代美术与当下的美术创作、写生、鉴赏、交流相结合，生产出各种具有宋代风情的文创产品，一定会很受欢迎，形成一道独特的旅游风景。同时，要加强宋画研究，延长宋画产业链，把宋画元素应用到文化旅游的方方面面。

图2-4　《梅溪放艇图》　〔宋〕马远　（故宫博物院藏）

图2-5　《万壑松风图》　〔宋〕李唐　（台北"故宫博物院"藏）

5. 让"瓦舍勾栏"留住宋时记忆，丰富当代生活

宋时市井中出现了专供艺人表演的固定场所，由于传统戏场与寺庙的关系密切，人们借用"瓦舍勾栏"来称呼专门表演百戏、杂技、歌舞的建筑。"瓦舍"相当于现代综合性娱乐场所，又称"瓦子""瓦市""瓦肆"等。在瓦舍范围内设置的小场地上，设有演出各种技艺的勾栏。勾栏或称"勾阑""构栏"等，专指演出场所，内有戏台、戏房（后台）、神楼、腰棚（看席）等。

杭州有着历史悠久的演艺传统，南宋时继承了北宋都城的宫廷戏曲、民间百戏，譬如杂耍、相扑、口技、影戏、木偶戏（傀儡戏）等。南宋的瓦舍勾栏，盛极一时，颇具规模，是中国戏剧史上一个重要的文化现象。南宋《西湖老人繁胜录》中记载："惟北瓦大，有勾栏一十三座"；"独勾栏瓦市，稍远，于茶肆中作夜场"。每个勾栏所能容纳的人数多少不一。而不少勾栏的演出可以说是从早到晚全天不停，从春到冬全年不歇。《西湖老人繁胜录》中称，临安市民"深冬冷月无社火看，却于瓦市消遣"，这与《东京梦华录》中称汴梁市民"不以风雨寒暑，诸棚看人，日日如是"一脉相承。可以想见，当年临安二十几个瓦舍里，约有上百个勾栏在演出，每个勾栏里有上千或数百个观众在看戏。粗算一下，当年杭州城里每天的戏剧观众有 2 万至 5 万人次，一年观众累计为 700 多万至 1800 多万人次。

演艺活动是百姓生活不可分割的重要组成部分。时至今日，杭州打造的"宋城"就是一个典型的案例。"宋城"是在一块近百亩的荒地上硬生生建起来的人造景观，是杭州第一个反映

图2-6　《宋城千古情》表演

两宋文化内涵的主题公园。1996年开业，多年来一直生意兴隆。其招牌节目《宋城千古情》，最多的一天演了8场，演出人员都要分AB角，场场座无虚席。他们在演出中，特别讲究随机应变、与时俱进——凡是收获热烈掌声、深受欢迎的节目就得以保留并不断完善，凡是不太受欢迎的节目就会被毫不留情地淘汰；每次演出还要根据观众的情况调整节目单，如观众中有韩国人，就会加一些有关韩国的内容，如果有日本人，就会加一些有关日本的内容。对这些细节的关注，使演出大受欢迎。就从这样一个演艺活动起步，现在的宋城集团旗下的杭州宋城旅游发展股份有限公司（简称宋城演艺）是中国演艺第一股、全球主题公园集团十强企业，连续十几届入选"全国文化企业三十强"。迄今为止，宋城演艺在国内的杭州、三亚、丽江、九寨沟、桂林、张家界、西安、上海、佛山、西塘和国外的澳大利亚建成和在建数十个旅游区和主题公园，并拥有数十个文化娱乐项目。

"宋城"的发展给我们的启示是，在旅游中做好"宋韵"文章是大有前途的。特别是在杭州，可以还原一些南宋的"瓦舍勾栏"，在杭州的吴山广场、南宋御街、清河坊、凤凰山周围等地开展南宋民俗文化的展示与体验，举办各种文化演艺活动，打造"演艺杭州"的品牌。随着人们物质生活的不断改善，对文化生活的需求大大增强，同时，随着交通条件的不断改善，重建的"瓦舍勾栏"一定会有良好的市场反响。

6. 打造"宋代商业、富甲天下"旅游项目

南宋开创了中国古代商品经济发展的新时代，而商务旅游是当下旅游产业发展中很重要的组成部分。特别是随着"一带一路"倡议在世界上得到广泛的响应，杭州要重现"一带一路"的辉煌，其中最重要的是要重建其作为海上"一带一路"重要节点城市的地位。

贸易离不开生产，丝绸之路离不开丝绸之府、桑蚕之乡。杭州自北宋始，就设置有织造局和市舶司（海关），是古代丝绸产品的重要纺织基地和出口口岸，在南宋更是得到进一步的发展。这些史实说明，杭州是古代"一带一路"上重要的货源基地和贸易节点。要充分认识文化旅游是推动杭州城市国际化的一个重要抓手，进一步加强对"一带一路"的研究，结合杭州本土情况开辟旅游发展新领域，加强与"一带一路"沿线国家的密切联系，提升杭州在"一带一路"上的品牌影响力。结合

宋韵文化旅游项目的开发，把"到浙江寻找经济密码"作为一个叫得响的旅游口号。今天的浙江，工商业都比较发达。许多人对浙江经济得以发展的内在原因感兴趣，可以借此开展工业旅游和商贸旅游。工业旅游在一些发达国家由来已久，特别是一些大企业，利用自己的品牌效应吸引游客，同时也使自身品牌家喻户晓。浙江有一批世界知名企业，故完全有条件把自己的工业旅游做好。近年来，汽车、丝绸、光伏等领域的一些企业开拓的工业旅游市场，社会效益和经济效益都很好。此外，浙江有数千个专业市场，针对这些专业市场的旅游线路可以进一步开发。

7. 科技进步不忘追溯"宋代科技、别样时光"

宋时科技在很多方面居于世界领先地位。中国的四大发明都在宋代得到更普遍的使用或产生巨大变革。如指南针在宋代的航海交通上已经普遍使用。3世纪，指南针传入阿拉伯和欧洲各国。指南针对世界经济文化的交流和发展起到了巨大作用。同时，它也为欧洲航海家发现美洲和实现环球航行提供了必要条件。晚唐火药开始应用于军事，北宋政府在东京设立专门机构，制造火药和火器。南宋时期中国人发明了管形火器"突火枪"。火药和火器在13世纪中期传入阿拉伯，后来传入欧洲。南宋时期由于文化事业的发展，印刷业和造纸业都很兴盛。当时官府、民间都从事书籍印刷。当时的杭州、两浙路、福建路和成都府路是全国印刷业的中心。国子监所出版的图书，称"监本"，印刷工艺精良。南宋时中国在数学领域有巨大突破。数学家秦九韶撰写的《数书九章》提出的"正负开方术"，是一种求一元高次方程数值解的方法，这种解法的提出比西方早了500多年。另一位杰出数学家杨辉，编撰有《详解九章算法》《杨辉算法》等10余种数学著作。南宋宋慈的《洗冤集录》是世界上第一部法医学专著。它不仅奠定了中国古代法医学的基础，被奉为中国古代"官司检验"的"金科玉律"，并对世界法医学产生了广泛影响。

我们过去在宋文化的传播方面，对于宋代科技方面的卓越成就传播不够，当下，应当结合宋韵文化旅游新亮点的打造，推出"感知宋代科技、品读昨日辉煌"的项目，还可以建设宋代科技成就博物馆，拍摄有关宋代科技的纪录片和短视频等。总之，可以把宋代科技作为一个新的旅游产品来精心打造。

四、推动宋韵文化旅游在路径与方法上的突破

为了进一步打响宋韵文化旅游品牌，在路径与方法上要做好以下这些工作。

1. 全面探索宋韵文化旅游开发方式

世界文化旅游的开发方式主要有以下8种：一是对各种文化遗址进行保护、恢复、展示、开发与利用，充分利用这些文化遗址开发研学、体验、游览、品鉴等方面的旅游产品。二是利用名人故居、历史博物馆、专题博物馆、非物质文化遗产馆

等发展旅游项目。三是举办各种文化节吸引游客。四是创办文化主题公园、文化风情小镇和文化街区等。五是举办各类演艺表演活动。六是建设文化主题系列项目，如文化主题酒店、主题餐厅、主题度假区。七是开发网络文化旅游项目，特别是随着 AR、VR 技术的进一步发展，网络文化旅游项目越来越受到欢迎。八是把文化融入"吃住行购娱游"，形成独具特色的文化旅游产业链。宋韵文化与旅游融合发展，需要重视以上这 8 个方面，借鉴这些经验与做法，走出自己的发展新路。

2. 打造好宋韵文化历史街区

推进文化旅游发展时，要善于将抽象的文化符号、模糊的文化记忆、残缺的文化遗址等资源转化为游客可以直接感知或观看的"文化产品"。宋韵文化经过 800 多年的变迁，许多遗迹已经湮没，因此，还需要在对文化资源进行全面普查的基础上，借鉴一些国家对文化遗产进行"区域复兴"的做法，划出一些片区进行适当的恢复与改建，特别是要进一步

图2-7 杭州市上城区南宋皇城小镇建设方案示意图

打造历史文化街区，如在杭州南宋皇城遗址内外，打造"清河坊南宋文化旅游街区""五柳巷特色中医街区"等特色文化街区，挖掘在大井巷、高银巷、打铜巷等地沉淀的历史故事，重视南宋皇城城郭与标志性建筑的恢复。可以实施"漫步南宋"旅游项目，把最具代表性的南宋历史遗存串联起来，推出若干条南宋旅游线路。深度挖掘宋韵文化生活内涵，对接沉浸式、体验式、互动式的旅游消费需求，以"枕着南宋入眠"为主题，推出一批有文化故事的民宿，建设有文化传说的历史街区，发展有文化主题的精品酒店，推动旅游向旅居升级。

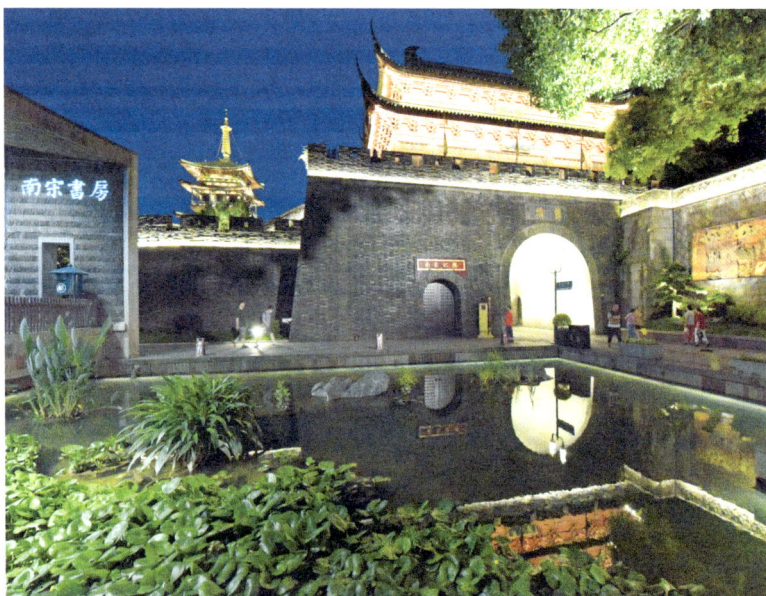

图2-8   南宋书房

3. 大力发展智慧旅游

智慧旅游是一种迅速兴起的旅游形态，也是旅游发展的必然方向。其包括利用新技术加快文化旅游服务数字化发展，构建集文化资源虚实展示、地理信息服务、文化旅游大数据商业智能分析于一体的文化旅游综合服务云平台，构建线上线下联动的数字文化旅游网络；包括提供文化遗产资源虚实互动、旅游地理信息导引、旅游产品营销、线上线下演出等一站式文化旅游综合服务；包括通过数字技术设计开发智慧博物馆、古遗址智慧博物馆、古遗址百科知识库、文化艺术产品的综合展示和服务平台等。浙江要发展智慧旅游，可以依托发达的互联网产业，充分运用云计算等新兴技术，建设宋韵文化智慧旅游平台。要积极扩大旅游网上交易量，提升游客参与旅游的便捷性和舒适度。要全面提升文化旅游景区智慧管理水平，充分运用数字技术、多媒体等手段，增强文化旅游的感染力。比如，杭州可以发布"南宋150"文化旅游线路。体验者可从南宋皇城小镇鼓楼城门下出发，寻迹南宋，探秘皇城。这条旅游线路包含了南宋在杭州150多年的文化内涵，设置了10多处景点，包括太常寺、开元宫、龙翔宫、忠王府、佑圣观、德寿宫、鼓楼、太庙、三省六部、南宋皇宫等。游客打开"南宋皇城小镇"App，在地图上找到对应的景点，"智慧导游"便会为其讲解这些景点的历史文化背景，与其畅聊南宋故事。还可以在手机上全景式观赏古建筑三维复原场景。

4. 重视宋韵文化旅游的国际化发展

《中华人民共和国国民经济和社会发展第十四个五年规划和二〇三五年远景目标纲要》提出："加强对外文化交流和多层次文明对话，创新推进国际传播，利用网上网下，讲好中国故事，传播好中国声音，促进民心相通。开展'感知中国''走读中国''视听中国'活动，办好中国文化年（节）、旅游年（节）。""坚持以文塑旅、以旅彰文，打造独具魅力的中华文化旅游体验。""加强区域旅游品牌和服务整合，建设一批富有文化底蕴的世界级旅游景区和度假区，打造一批文化特色鲜明的国家级旅游休闲城市和街区。"《浙江省国民经济和社会发展第十四个五年规划和二〇三五年远景目标纲要》第十一点"实施新时代文化浙江工程，加快推动文化大发展大繁荣"的"（四）加快构建现代文化产业体系"中也明确提出"启动打造一批世界级旅游景区和度假区，建设一批国家级旅游休闲城市和街区"。这些规划都高度重视文化旅游的国际化问题。对于一个城市文化旅游的国际化推广过程，有的专家认为大致可以划分为 3 个阶段：第一阶段是资源推广阶段，重点是向海外游客传达基本的城市旅游信息；第二阶段是形象塑造阶段，既注重产品体系和服务配套的建立，也逐步树立比较清晰的城市旅游形象；第三阶段是价值传递阶段，重点是推广城市生活方式和文化体验，以达到让海外游客深度认同城市特质，从而超越同质化旅游竞争的目的。这是城市文化旅游国际化推广的高级阶段。

在宋韵文化旅游融合发展中，要按照国家级、省级规划发展的要求，加快构建宋韵文化旅游走向国际的发展格局。以文旅融合为动力，以文化交流为先导，开展对入境游目的国的精准营销。举办更多的国际文化交流活动，让提升文化品位贯穿旅游全过程。还要将文化灵魂深深植入旅游的吃、住、行、游、购、娱各个环节，挖掘和开拓宋韵文化游的深度和广度。

5. 大力开发南宋皇家文创产品

文创产品在塑造旅游体验方面扮演了一个非常独特的角色，做工精良、独具特色的文创产品能培养人们对一个地方的长久记忆和情感。文创产品可以涵盖器物、服饰、家居、艺术复制品、文具、玩具、礼品、化妆品、食品等多个领域。可以借鉴故宫博物院等的经验，开发"南宋皇城"系列宋韵文创产品。

6. 加大新媒体层面对宋韵文化旅游的推介

旅游产业的发展，已经经历了从"有没有"到"好不好"再到"尖叫不尖叫"的发展过程。要让游客，特别是年轻人"尖叫"，就要充分利用新媒体传播形式。特别是短视频，其短小精练，传播速度快，内容涵盖生活的方方面面，制作门槛相对较低。它的社交属性刺激人们尤其是年轻人的表达欲和分享欲，分享短视频已成为时下年轻人的一种社交新时尚。在自媒体时代，文化旅游者更热衷于在体验文化的同时分享文化价值，这也使得文旅融合所要实现的文化高效能传播成为可能。在宋韵文化旅游的推介中，我们在继续重视传统媒体的同时，要重视新媒体，推动信息以感性的方式、更迅捷的途径，在更广泛的层面上传播，让文化旅游新热点在新媒体平台上快速形成。

第三篇

城市创意

住在宋朝很惬意

在我们推进宋韵文化建设过程中，一个不容忽视的问题就是，如何从宋代的城市建设中寻找可供借鉴的文化元素和文化符号，从而在当下的城市建设中传承和发展历史文化，以实现用宋韵文化提升城市品位的目的。

一、宋代的城市发展

世界城市的发展，大体要经历4个重要阶段：第一阶段是防御城市。最早人们筑城是为了安全，使城市成为易守难攻之所。第二阶段是商贾城市。"城"强调物质形态，是由城墙围起来的地方；"市"强调人类活动，是人们集聚在一起开展贸易活动的地方。由此，城市慢慢变成了人类为实现商贸活动而建之地。第三阶段是工业城市。随着工业化水平的提升，城市进一步成为人类生产的主要场所，城市的集聚效应是形成产业链，为组织工业生产而推动城市的新发展。第四阶段是消费城市。随着时代的发展，城市的消费功能进一步强化。人们追求更加多样、丰富、便捷的消费方式。特别是文化消费，主要发生在城市。电影院、体育馆、博物馆、美术馆、咖啡吧、艺术走廊等都是重要的文化消费场所——城市因文而兴。

中国古代城市的发展，在宋代出现了重大的转折。这种转折，体现在以下几个方面。

1. 城市人口急剧增加，城市化进入快速发展时期

宋代，随着耕地的开拓、新技术的应用及耕作制度的变化，生产率得以提高，水稻得以大面积播种，经济作物的种植得到推广，并且形成了土地市场，导致土地兼并和大庄园的出现。在 11 世纪时的北宋，约 14% 的人口拥有全国约 77.5% 的耕地。在这种情况下，不少农民失去了土地，为了谋生，他们逐步进入城市，从事工商业或服务性行业。同时，农村生活的艰苦及城市工商业的繁荣，也使得大量人口由农村向城市迁移，这从另一个方面加速了非农经济和城市化的发展，新发展的城市文明使得新的城乡关系得以产生。城市与农村的分化加剧：城乡具有完全不同的生活节奏、生活内涵和生活方式，而城市的繁华主要基于国内外贸易和组织起来的工业生产。行会和同乡会成为当时城市的一大特色。

2. 打破"坊""市"界线，代之以开放式的"街""巷"，可随处开设店铺

唐代建立"坊""市"的起因是，经过隋末社会大乱的严重破坏，唐初仅有人口200余万户，大量土地荒芜，发展农业生产、稳定社会秩序成为摆在唐朝统治者面前的首要任务。为此，唐朝初年在城市中大力推行坊市制，使农民无法自由地来到城市，从而保证了农业劳动力的充足，这有利于唐代前期农业乃至整个社会经济的恢复与发展。

坊市制中的"坊"是一种封闭式管理模式，将城市中各类建筑划分成封闭的地理空间，市、坊严格分开并将居民区用围墙圈起来，使居民分区居住并保持相对独立性，不允许他们擅自联系。白居易曾用诗生动地描述了坊市制下长安城整齐划一的概貌："百千家似围棋局，十二街如种菜畦。"（《登观音台望城》）唐时长安有108坊，东都洛阳有103坊，扬州、苏州各有约60坊。坊中实行邻保制、按时启闭坊门制、宵禁等制度，用以加强对城市居民的管理和控制。

到了宋代，宋太祖准许居民破墙开店，而且可以开夜市："诏开封府，令京城夜市至三鼓已来，不得禁止。"（清代徐松《宋会要辑稿·食货》）在中国城市发展史上，这是个划时代的巨变，意味着城市管理模式的重大变化。原来对城市居民实行的极为严格的时空管理制度，逐步转变为市民在生活和活动上的相对自由。宋朝对城市的商业贸易采取较为自由的政策，在家门口开店，也改变了过去严格管理的封闭式市肆，使其变为可

以 24 小时营业的、开放式的商业街和商住一体的居民小区。在城市布局的形态上，不再像唐代只设东市、西市并与居民居住区严格分开，而是形成了市场沿主街、河道和交通交叉点线状或带状式分布的商业格局。由此，宋代的商业贸易活力得到极大的释放，市场越来越繁荣，早市、夜市、庙市与各类节日市集成为常见的景象。当时开得较多的店铺有：酒肆、茶馆、瓦子、成衣铺、包子铺、瓷器店、铜器店、丝绸店、漆器店、书画店、果脯店，以及银号、盐号、当铺、药铺、医馆、马市等。

3. 城市商贸功能和文化娱乐功能逐渐增强

宋代的城市功能随着经济社会的发展发生了较大的变化，从汉唐的以行政功能为主逐渐向兼具行政和商贸、文化娱乐功能转变。宋代经济得到长足发展，人口进一步向城市集聚，城市的生产和商贸功能进一步增强。并且，随着科技进入快速发展期，导航工具如定向舵、指南针与新航帆出现并被推广，航运取得突破式发展，交通运输变得相对廉价而便利。纸币和金融机构的出现，使得贸易更加便捷和安全，进一步推动了城市财富的累积和人们生活水平的提高。城市中逐渐形成兴旺发达的文化娱乐设施集群。所有这些发展，都推动了城市实现功能的丰富与变迁，使城市的消费功能、商贸功能和文化娱乐功能不断增强。

4.城市发展使市民阶层产生并壮大

与城市经济社会繁荣、城市规模越来越大的趋势相适应，宋代逐渐形成了市民阶层。除了达官贵人和文人雅士，城市的发展也孕育出许多民间专业人员，如风水师、面相师、演戏人、音乐师、棋艺师、财务人员、教书人等，以及酒楼、茶艺馆、妓院、浴堂、酒肆和赌场内的大量雇员等。如北宋开封就是一个由大量市民商贩、娱乐业从业人员构成的都城。当时出现了"城市居民"的概念——在户籍制度上开始把住在州县治所和镇寨市集的所有居民定为"坊郭户"，其需要向官府缴纳地基税、承担劳役等，从而与居住在农村的农民有了明显的区别。城市地租和新的户籍身份也首次出现。新市民不但人数众多，而且在财富的影响力上可匹敌士阶层。他们做生意不再仰仗王室、贵族和官僚，他们的市场来自出口的大量需求和广大百姓的需求。甚至在奢侈品方面，市民阶层的自身需求十分庞大。他们建造精致的庭院和典雅的园林，陈设讲究的家具和艺术品摆件。他们衣着奢华，追求美食。这种发展也导致了宋代产业结构的调整，过去工业制造和营销以满足达官贵人对奢侈品的需求为主，此时逐步转向以满足大众对食品、日用品等日常消费品的需求为主，从而引起工商业产品向大众的普及。

5.城市物质生活丰富多彩

北宋画家张择端画的北宋风俗画《清明上河图》，宽 24.8

厘米、长 528.7 厘米，作品以长卷形式，采用散点透视构图法，生动记录了 12 世纪中国北宋都城汴梁（东京）的城市面貌和当时社会各阶层人民的生活状况，是北宋时期都城昔日繁华的见证，也是北宋城市经济情况的写照。在《清明上河图》中，酒楼、酒旗随处可见，画面中最气派的是城内的"孙羊正店"，仅"彩楼欢门"就有 3 层楼高。宋代的酒楼为招徕客人，通常用竹竿在店门口搭建门楼，围以彩帛，故被称为"彩楼欢门"。宋人追忆汴京繁盛的《东京梦华录》则说："在京正店七十二户，此外不能遍数，其余皆谓之脚店。" 72 户正店中，樊楼（白矾楼，后改为丰乐楼）无疑是最豪华的酒店，"乃京师酒肆之甲，饮徒常千余人"（宋代周密《齐东野语》）。一些酒店还打出"灯箱广告"。《清明上河图》中的"孙羊正店"大门前，有 3 块立体招牌，分别写着"孙羊""正店""香醪"字样。这种广告牌由于应用了照明技术——内置蜡烛，夜间明亮照人，特别引人注目，可类比如今的灯箱广告。画中虹桥附近还有一家"脚店"，门口也放置了一个"灯箱广告"，一面写着"十千"，一面写着"脚店"，其中"十千"为美酒的代称。

　　北宋时汴梁是中国最繁华的城市，市内手工业作坊众多，街道两旁商店、旅舍、货摊林立，人来车往，十分热闹。其营业时间不受限制，除白天营业外，还有夜市和晓市。南宋时临安的酒楼饭店遍布河边、湖边和都市的大街小巷。人来客往，小贩和歌女穿梭其间，佳肴和美酒香气四溢。酒楼饭店是人们重要的餐饮娱乐场所，也是外地游客和赶考的书生休息的场所。

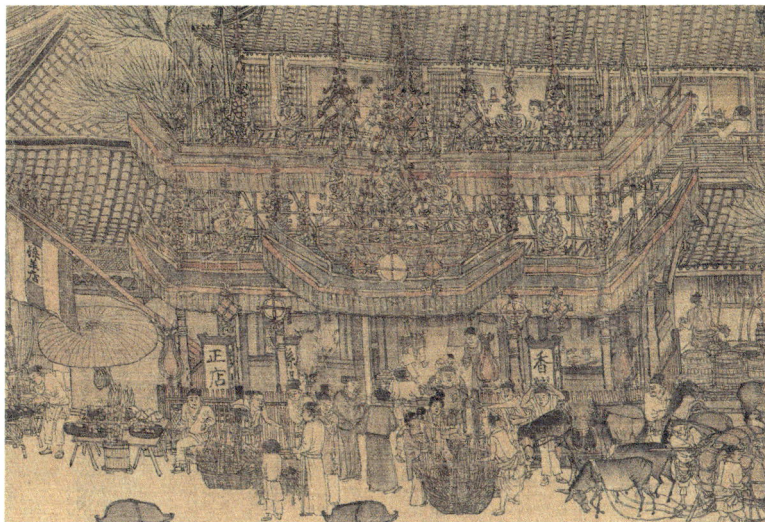

图3-1 孙羊正店，东京72家经朝廷授权的正店之一，是《清明上河图》中最大的酒楼。"正店"即酒店

图3-2 《清明上河图》中的"脚店"是供客人临时歇脚的客店

酒楼的繁荣可反映城市建筑水平和人民生活水平，也可反映当时人们的饮食习惯、生活状态与文化意识。酒楼中还有各种形式的音乐表演、杂技表演，以提高酒店的声誉和知名度。《武林旧事》收录了一份南宋临安驰名酒楼的名单，包括和乐楼、中和楼、太和楼、和丰楼、春风楼、西楼、太平楼、丰乐楼等官营酒店，以及熙春楼、三元楼、赏心楼、花月楼、日新楼、五间楼等酒楼。其中太和楼有300个包厢，每日可接待客人3000名："太和酒楼三百间，大槽昼夜声潺潺。……席分珠履三千客，后列金钗十二行。"至于寻常酒家，更是数不胜数了。宋时当然不仅仅大都市酒楼林立，即便是偏僻乡村，也有卖酒的小店。很多宋诗都描绘了宋代乡村"处处吟酒旗""处处村旗有浊醪"的景况。

6.城市文化生活繁荣兴盛

在宋代的城市中，特别是在大城市中，具有明显的商业化特征和消费色彩的文化娱乐活动日渐兴盛，形成了许多繁华热闹的商业街与新型的娱乐服务场所。其中的"瓦舍"，里面有"勾栏"（歌舞场所），成为娱乐的中心。吴自牧在《梦粱录》卷一九《瓦舍》中解释："瓦舍者，谓其'来时瓦合，去时瓦解'之义，易聚易散也。"又记载："杭城绍兴间驻跸于此，殿岩杨和王因军士多西北人，是以城内外创立瓦舍，招集妓乐，以为军卒暇日娱戏之地。"瓦舍里汇集了十分丰富的娱乐项目和伎艺表演，特别是逢年过节，更是热闹非凡，演出白昼通夜，风雨无阻。

宋代的城市生活及市民大众的文化生活习惯明显与前代不同。各类高雅艺术勃兴，并越来越专业化；话本、杂剧等民间音乐形式十分繁荣；各类民间文艺社团大量涌现；艺术品作为商品流通，甚至出现艺术品交易场所。凡此种种，皆极大丰富了城市文化生活的内涵。

7. 城市建筑样式千姿百态

宋朝建筑也一改唐朝雄浑的特点，变得纤巧秀丽、注重装饰。宋代砖石建筑的水平不断提高，当时的砖石建筑主要有佛塔和桥梁。今天浙江杭州灵隐寺塔、河南开封繁塔及河北赵县永通桥等均是宋代砖石建筑的典范。城市建筑得到了空前的发展，各种亭台楼阁得以建造。宋朝的经济、手工业和科学技术等都得到了快速发展，使得宋代建筑构造与造型技术达到了很高的水平，优秀的建筑师与木匠辈出。建筑方式也日趋系统化与模块化，慢慢出现了自由多变的建筑物组合方式，并且呈现出成熟的风格，建筑拥有了十分科学的构造。

宋朝建筑物的类型多样，其中杰出的建筑类型有佛塔、石桥、木桥、园林、皇陵与宫殿。园林设计注重意境的营造，把自然美与人工建筑美融为一体。宋代是中国古典园林建造的成熟期。宋代的园林可分为四大类别，分别为皇家园林、私家园林、寺观园林和陵寝园林。成熟的园林都有自己要表现的内容与主旨，配以假山、人造池、廊、亭、堂、榭、阁、花木与动物。虽然宋代园林规模比较小，但园林内的设计十分精巧。以北宋东京

图3-3 《浣月图》（局部） 〔五代〕佚名 （台北"故宫博物院"藏）
据传，苏轼曾亲自设计一例小型室内装饰景观，与此图中的喷水装置十分相似

为例,有关文献所登录的私家、皇家园林名字就有 150 余个,可见宋代园林建筑之盛。宋代的皇家园林和私家园林不仅数量超过前代,而且艺术风格更加细致、清新,更有诗情画意,意境营造更加自觉,特点是善于通过借景、补景等方式强调人与自然的和谐。较具代表性的宋代园林有苏舜钦的苏州沧浪亭和司马光的洛阳独乐园。沧浪亭在今江苏苏州城南三元坊附近,原为五代时吴越国广陵郡王钱元璙的花园,五代末此处为吴军节度使孙承祐的别墅,北宋庆历年间(1041—1048)为苏舜钦

图3-4 《玉楼春思图》 〔宋〕佚名 (辽宁省博物馆藏)

购得。苏舜钦在园内建沧浪亭，后以亭名为园名。独乐园是宋代司马光约在熙宁六年（1073）修建的私家园林，虽非豪门大院，却因司马光曾在此编著《资治通鉴》而声名大振。

宋朝建筑物的屋脊、屋角有起翘之势，给人一种轻柔的感觉。宋人比较喜欢使用油漆，建筑的颜色十分鲜明。窗棂、梁柱与石座有雕刻与彩绘，气象万千，柱子造型更是变化多端。另外，宋代还产生了大量的书院建筑，如岳麓书院、嵩阳书院等，这与宋朝教育制度密切相关。宋朝重文轻武的国策，以及增加科举取士名额的政策，使大量寒门学子奔求功名有望，极大地刺激了各类书院的发展，也促进了书院建筑的发展。

图3-5 1994年发行的"中国古塔"系列特种邮票中的一枚《杭州开化寺六和塔》

宋代的宗教建筑也得到空前发展。如杭州的六和塔就是宋代的一座著名佛塔。它位于浙江省杭州市钱塘江北岸的月轮山上，始建于北宋开宝三年（970），被毁后重建于1156年，于1165年完工。塔高约60米，木檐13层，塔的中心有壁龛，内部镶嵌有《佛说四十二章经》的石刻。塔内砖雕题材丰富，有石榴、荷花、宝相、凤凰、孔雀、鹦鹉、狮子、麒麟，还有飞仙等。六和塔的造法与宋代成书的《营造法式》所载十分吻合。宋朝的建筑文献《营造法式》对施工和用材等的描述非常深入，具有系统性、完整性和科学性，为后世朝代的建筑设计和施工提供了一整套切实可行的规范。宋朝还设立了专门负责建筑营造及相关工作的机构与官职掌管宫室建筑，使建筑技术的传承更加系统化。

8. 城市规划与建筑规模独树一帜

唐代都城长安按棋盘格方式严谨布局，道路直，整体呈现方正、整肃、平稳的风格。宋代的城市规划不再沿用这种极为规整的格局，更富于变化，更自由开放。宋代的城市形成了临街设店的布局，城市消防、交通运输、商店、桥梁等都有了新发展。宋代的街市可分为 3 种基本要素：开放性的街道，市肆空间中对公众开放的部分，市肆空间中仅供内部使用的部分。3 个部分之间并非泾渭分明，而是以各种不同方式相互渗透和延伸，使其边界呈现出各种复杂而微妙的关系。

宋代在理学上提倡"存天理、灭人欲"的思想理念，宋人的文化心态，有"向内转""内敛""内倾"的特性，在物质层面上一般不求宏大，而在精神象征意义上具有深广的意蕴。正如宋代理学家邵雍所言"心安身自安，身安室自宽"（《心安吟》），"气吐胸中，充塞宇宙"（《瓮牖吟》），这些理念引导着建筑规模开始缩小。不管是北宋首都汴梁，还是南宋首都临安，其城池和宫殿的规模都远远小于唐代的长安。《中

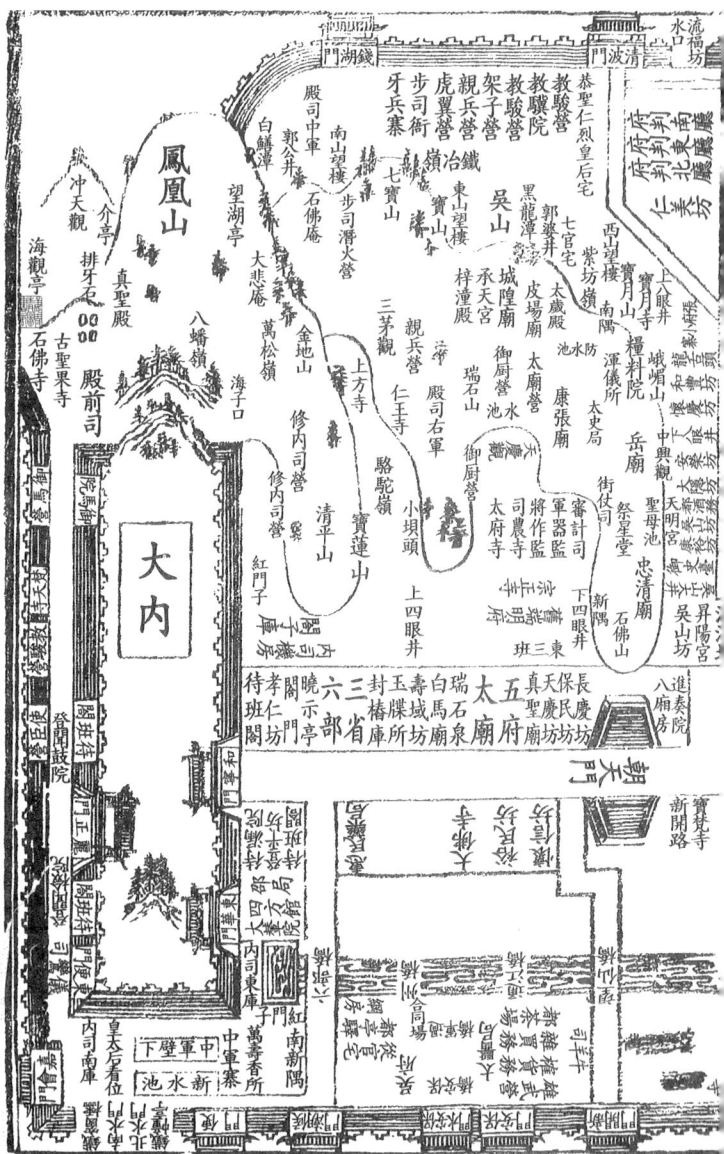

图3-6　宋《咸淳临安志》中《京城图》复原图　（姜青青复原）

京城圖

国建筑史》指出："北宋宫殿布局不如唐代恢廓。"比如东京宫城，"宫城是在州级子城的基础上扩张而成。仅 2.5 公里周长……这些都是气局不大之处"。建筑规模小了，转而追求装饰的精美细致，形成小而精、小而美的建筑格局。

二、世界城市发展的规律及对我们的启示

思考借鉴宋韵文化提升城市品位，也需要我们放眼世界，看看当今世界城市发展的基本态势。当代世界，大部分国家都在大踏步地推进城市化。截至 2021 年末，中国的常住人口城镇化率已达到 64.72%。世界城市发展的历史告诉人们，城市的发展是有自己独特的规律的，我们需要把握这些规律，才能正确地推进城市发展。从总体上看，城市的发展呈现这样一些趋势：一是城市格局向国际化、组团化、园林化推进。实践证明，"摊大饼"式的发展是不科学的，其也是"城市病"产生的重要原因之一。二是城市功能向宜居、宜业、宜游推进。这个"宜"，关键在于以人为本。三是城市运行向绿色化、生态化、智能化推进，"园林城市""生态城市""智慧城市"是公认的发展方向。四是城市社会向包容性、开放性推进。随着城市化的推进，城市的人口在急剧增加，对外来人口的包容性考验一个城市的胸怀与温度。五是城市设施向便捷性、通联性推进。通信、交通运输、供水、排水、供暖、空气净化等都是当前城市建设的重要问题。六是城市治理向"应对'城市病'，提高科学性"

推进，治理"城市病"已经成为所有城市面对的重大课题。七是城市形象向注重人文特色，培养鲜明的城市文化性格推进。"千城一面"是令人失望的，也是无奈的现实，许多城市也都在着力解决这个问题。如今，文化已经越来越成为城市发展中的重要因素，甚至成为决定性的因素。一个城市如何彰显自己的文化特色，提升自己的文化温度，培养自己的文化情怀是一个十分重要的问题。

有专家对一些搜索引擎的关键词做大数据分析后发现，城市知名度的变迁经历了从政治能级到经济能级再到文化能级的演进过程。也就是说，城市的知名度从仰仗行政级别，到仰仗经济实力，再到仰仗文化影响力。如澳大利亚的堪培拉，许多人都不熟悉，而悉尼却誉满全球。其实堪培拉是澳大利亚的首都，行政地位和政治地位都高于悉尼。这表明，文化影响力构筑了城市在当下全球话语体系中的重要基石。一座城市，离开了文化就失去了气质与灵魂。城市发展的一般规律是，最初为生活引领，解决市民的生活问题，接着为产业引领，解决生产问题，后来逐渐变为创新引领，最终必然会走上文化引领的道路，依托文化力量来推动城市的发展。

杭州作为南宋的都城，其宋韵文化方面的积淀是很深厚的。但是，随着时代的变迁，现在人们若到杭州来实地考察参观南宋文化，真正看得见摸得着的历史文化场景不多。所以就需要认真地研究思考，进而解决这个问题。

文化的建设与发展，至关重要的是对当地的文化符号进行准确与精到的提炼与挖掘。文化符号是人类文化系统中的遗传密码，是当地文化系统的"灵魂"。因此，要加强对宋韵文化等城市优秀传统文化的保护，把握好浙江城市的文化主题，加强对浙江城市文化符号的研究。城市文化符号包括以下两种：一是物质文化形态的文化符号，就是城市在悠久的发展历史中形成的具有历史文化和建筑艺术价值的古建筑或遗址，以及体现和记录其历史文化的纪念物、标志性文物和能够体现历史风貌的街巷等。二是非物质文化形态的文化符号，既包括千百年来，与市民生产生活息息相关的工艺技术、文艺创作、民俗风情、生活方式等，又包括思想与精神形态的文化符号，是城市文化所积淀下来的思维方式、价值观念与审美情趣等，如城市发展中建设者们艰苦创业、不屈不挠、奋发图强的精神等。要把这些文化符号提取出来，并运用于城市文化建设之中，提升城市文化品位，增强城市文化个性。

三、在城市建设中传承宋韵文化

宋韵文化具有物质文化和非物质文化两种形态，经过千年的积淀，在浙江大地上留下了不可磨灭的痕迹，我们在推进浙江城市建设过程中，一定要怀着敬畏之心做好宋韵文化的保护、开发与利用工作。

1. 加强遗址保护，留住城市宋韵文化遗产

保护宋韵文化遗址是传承展示宋韵文化的基础性工程。浙江各地的宋韵文化遗产是极为丰富的，有南宋皇城遗址、名人故里、街巷桥梁、亭台楼阁等，在城市建设与发展中，当务之急是要保护好这些历史文化遗产。在当下城市快速发展的背景下，这些历史文化遗产正在以惊人的速度消失，这种保护不仅是必要的，也是紧迫的。

例如，杭州是吴越文化、南宋文化的繁荣地，文化名人辈出，历史底蕴深厚。南宋皇宫、太庙、德寿宫、御街和中央行政机构三省六部等遗址均密集分布于杭州老城区内。今天杭州城的坊巷肌理基本上也是在南宋时期奠定的。保护、开发和利用宋韵文化提升城市品位，首先要留住这些历史文化记忆，要加强历史文化复兴，构建历史文化空间格局，激活历史文化价值，让文化的积淀变成价值的积累，将沉淀的文化资源转化为现实的城市发展资源。

要加强对南宋皇城遗址的综合保护。制订宋韵文化遗址的保护和利用工程规划，突出文化传承，实施记忆修复工程。开展南宋皇城遗址核心区考古调查、勘探、发掘和价值研究，厘清南宋皇城主要宫殿区的平面格局和皇城门址位置结构。推进南宋皇城综合保护工程，加强南宋德寿宫遗址保护展示暨南宋博物院建设，在原址上尽可能地恢复原貌，原汁原味地展示德寿宫时期的皇家建筑。利用标识展示、模拟展示、遗址数字化展示等技术手段增强德寿宫遗址的可看性、与游客的互动性，丰富游客

的参观体验感。实施南宋太庙遗址广场综合提升工程。对南宋皇家宗庙遗址进行保护展示和环境提升，对遗址所在区域内的古井、古街、古巷、古寺、古碑等历史建筑精心维护，打造具有文化地标意义的"南宋古都文化集群"。推进圣果寺遗迹保护和展示，落实龙居寺、海潮寺复建等重点文化项目，推进对馒头山、南宋御街、草桥亭、皋亭山等区域的宋韵文化挖掘和利用，打造南宋御街步行街和馒头山·南宋文化风情小镇等独具特色的历史人文景观，形成一批可串珠成链，助力实现古今对望，加强历史与现实结合的宋韵文化地标。

2. 实施"城市修补"，恢复城市历史记忆

城市记忆是一种集体记忆。城市就是一个记忆的容器，这种记忆构成人们对城市的一种共同认同感。城市记忆承载着文化传统和乡愁情感，具有文化规约、社会认同、心理安慰与心灵净化的功能。在当前城市化大踏步发展中，城市记忆大量流失，容易造成文化割裂与断层。为此，2015 年，中央城市工作会议提出"城市修补"的理念。城市修补包含填补基础设施"欠账"、增加公共空间、改善出行条件、改造老旧小区、保护历史文化等，以完善城市功能，提升环境品质。我们需要重新认知和评价城市记忆，通过城市修补重建丢失的重要的城市记忆。当前，我们需要结合宋韵文化的转化发展，加强对城市宋韵文化记忆的修复。

近年来，浙江一些地方在恢复城市历史记忆上做了大量有效的工作。如温州市委、市政府按照全域谋划和历史文化街区

三年行动计划总体安排，对五马历史文化街区进行改造。首先寻找历史资料，整理涵盖文字和影像形式的文史资料1000余本，为修复工程提供了充分的史料依据。建设中充分利用老砖老瓦，使一些具有150年以上历史的老石条得到了重新利用，并采用明清古建筑工艺修缮街区，恢复了许多老字号，以最大限度地展示历史文化积淀。

浙江各地要发挥好宋韵文化的底蕴优势，通过各种途径，运用各种方法，修复一些城市历史文化记忆，讲好城市古桥、古井、古城门、古坊巷等的历史故事。以"因地制宜、以古为新、主体互动"为原则，以现存的历史空间肌理为主要架构，通过历史叙述、命名恢复、标识指示和空间改造等方式，进行历史记忆植入与再生，营造具有"现代形式、南宋肌理、东方意蕴"特色风貌的宋韵空间，实现宋韵文化的空间活化。

3. 突出街区与建筑，打造城市文化名片

城市的历史街区与古建筑是城市的名片，一座城市完全保留历史原貌不太可能，但是，保留与修复一些历史街区与建筑是可行的，这方面也有许多成功的案例。可以借鉴一些国家对文化遗产进行"区域复兴"的做法，划出一些片区进行适当的恢复。为此，要高度重视历史文化街区的打造。近年来，浙江许多地方在城市历史文化传承中，特别重视历史街区和历史建筑的保护与修复。如宁波市对伏跗室永寿街历史文化街区做出了全面保护规划，因为它是宁波老城内罕有的地方传统风貌完

整保存的街区。通过整治街坊环境、梳理院落空间，保持以居住为主的街区功能，保护街区人文环境，以"人文生活延续、文化底蕴彰显、历史文化街区价值重现"为目标，打造了具有浓厚宁波传统文化氛围的宜居生活社区。衢州市启动"水亭门历史文化街区保护利用项目"，这是衢州市传统风貌建筑最为集中、历史文化遗存最为丰富、街巷肌理保存最为完好、人文底蕴最为厚重的历史街区。通过对街区内文物及历史建筑修缮维护、历史地标建筑复建、基础设施改造及非物质文化遗产文化内涵挖掘，对传统建筑进行保护性修复，同时对原街区排水、综合管线、夜景亮化等老、旧、差的基础设施进行彻底改造，打造了一个融历史街区、城墙风貌、滨河绿地、信安湖景观于

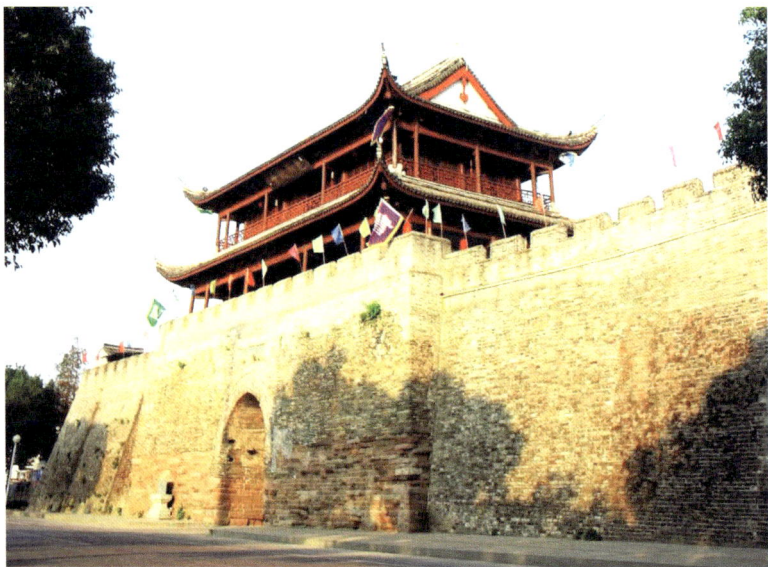

图3-7　衢州水亭门　（王飞摄）

一体的历史文化街区。

同时，面对许多老建筑被拆的现实，许多城市开始重视老建筑的保护问题。如杭州近 10 多年来全面摸清和掌握历史文化街区内老建筑的数量、分布、特征等情况，对杭州历史街区内 50 年以上的老建筑进行普查。比如，从 2012 年至 2015 年，包括五柳巷、长河、小河直街等 26 个历史文化街区在内，共普查出 50 年以上的老建筑 1274 多处，将这些建筑的情况统一汇编成册，建立杭州历史建筑保护预备名录库加以保护。金华市于 2018 年公布了市区第一批 65 处历史建筑，包括古子城历史文化街区 41 处，雅畈历史文化街区 4 处，二七区块 8 处，万佛塔公园 1 处，城中街道 9 处，浙江师范大学 2 处；是年年底，又公布了市区第二批 153 处历史建筑。这两批历史建筑全部实行建档挂牌加以保护。

在推进宋韵文化传世工程中，在城市建设与发展中，特别要注意历史街区和历史建筑的留存，让这些街区和建筑为城市代言，讲述城市悠久的历史文化故事。同时，在一些现代建筑的街区中，也要重视打造宋韵文化主题街区，深入挖掘南宋历史建筑、园林艺术、陶瓷艺术、琴棋书画、民间工艺等的文化艺术价值，在各类公共建筑空间室内设计中融入南宋传统文化精髓，结合现代功能形成新的创新理念。通过宋茶、宋词、宋妆、宋石等宋韵文化的展示，借助各类博物馆、艺术馆、展览馆等，增强内容展示传播的"有形化""可体验化"，营造区域整体宋韵氛围，为居民及游客提供宋韵文化展示、学习和交流体验的优质空间。

在城市街区的打造中，要突出城市一些标志性的重点街区的打造。如杭州河坊街，是一条有着悠久历史和深厚文化底蕴的古街。它曾是古代都城杭州的"皇城根儿"，更是南宋的文化中心和经贸中心。历经沧海桑田，街上的历代老字号商铺如孔凤春香粉店、万隆火腿庄、宓大昌烟店、叶种德堂国药号、翁隆盛茶号等，也依然为当代杭州人耳熟能详。在推进宋韵文化传承与展示中，需要对河坊街的文化内涵进行进一步的充实与提升。做大做强老字号品牌，充分挖掘包括南宋时期在内的历代传统手工艺，推动天香楼、王润兴酒楼、状元馆、奎元馆、王星记、知味观、张小泉剪刀、浙派古琴等历代名店名品在河坊街的展示销售。推动瓷器、瓷画、织绣、铜器、漆器、玉石、文房四宝、玻璃器具工艺品等产品在河坊街的展示销售。增加康养健身体验和艺术娱乐活动。如茶馆评书至今已有数百年的历史，不但具有艺术性、互动性，更有其趣味性，恢复评书艺术，不仅可以吸引茶客，还可以传承非物质文化遗产。

4. 提炼宋韵文化符号，把文化装进城市空间

要"复活"有价值的南宋文物建筑，就要充分研究其建筑构成形式，提炼宋韵文化符号，在保护继承传统工艺的基础上，综合运用现代科学技术再现遗失部分，用这些传统建筑所蕴含的文化及其表现形式赋能新建部分的建筑设计，依据建筑场所的宋代历史记忆、文化记忆、精神记忆，赋予建筑以宋韵文化符号。通过修复、功能置换、改造利用等手法保护利用建筑遗产。

以"因地制宜、以古为新、主体互动"为原则，积极植入

更多宋韵文化符号和其他文化元素，把宋韵文化视觉符号运用到城市中的各种场景，如车站、地下通道、高架桥、公交站、地铁站、人行天桥等城市公共空间。要进行宋韵文化整体品牌视觉形象规划与打造，通过雕塑、"城市家具"、绿化造景等公共艺术手段，构建浙江城市宋韵文化形象，展示宋韵文化魅力。充分运用宋代园林艺术造景手法，对宋代山水风景中所具有的灵性进行合理的表达，以提升街区、坊巷园林建筑的品质与意境，营造优美的自然山水景观，把浙江的城市建设成兼具宋韵文化特色、丰富的文化内涵、优美的自然环境、齐全的城市功能的文化展示区和精品旅游区。结合现代功能，将宋代传统文化精髓融入各类公共建筑空间的室内设计中。总之，要推动宋韵文化符号在城市各种设施上的艺术化表达，让宋韵风雅融入城市的方方面面，让人们在浙江的任何地方都看得见、摸得着、感受得到无时不在的宋韵文化。

推进宋韵文化符号在城市导视系统中的运用。目前，城市导视系统的设计风格不够鲜明，设计元素单一且缺乏统一规划。要通过提炼体现宋韵文化特色的书法绘画、工艺纹样、文化图形符号、装饰色彩及器物造型特点等艺术表现形式，将宋代文化艺术元素融入城市标识标牌、导视系统设计中，把宋韵文化信息和形象信息传播给大众，体现高雅的现代都市风貌。

重视宋韵文化在城市雕塑设计与建设上的体现。城市雕塑，是城市的面孔，是城市的艺术品，集中体现了一座城市的文化内涵。其传达着城市的价值观，彰显着城市的艺术个性。可以把雕塑作为传达宋韵文化的一个重要载体，在浙江的大中小城市，包括风景区、历史遗址、博物馆等区域中建设一批具有宋韵文化特点的雕塑。

在传达宋韵文化的过程中，还要注意充分利用大数据等数字技术，对历史文化遗产按照重要程度分进行等级保护展示，并使之具有统一性和逻辑性，构成文化形态、学术研究、科学普及等方面的整体有机网络。建设"南宋十景"或"南宋百景"，串联重要遗产以构建"南宋遗产集群"。此外，可借助标识、声音、灯光、色彩等手法，以及虚拟现实等技术全方位构建宋韵文化的意象表达。

5. 重视非物质文化，建设传承展示高地

我们在城市建设与发展中，一方面要重视物质形态宋韵文化的传承，另一方面也要高度重视非物质形态宋韵文化的传承，积极培育建设宋韵非物质文化遗产传承高地，打造宋韵非物质文化遗产展示体验平台。按照"保护为主、抢救第一、合理利用、传承发展"的方针和"历史文化搭台、非遗活动唱戏"的思路，制定非物质文化遗产针对性扶持政策，加大对宋韵文化非遗项目和传承人的扶持力度。要强化建档，固化史料，深化对宋韵非物质文化遗产的普查与收集，建立各城市宋韵文化非物质文化遗产档案。要以传统工艺资源为基础，建设一批宋韵非遗主题社区、宋韵传统技艺非遗工作站。以宋韵非物质文化遗产生活馆、宋韵非物质文化遗产交流活动等为重点，依托宋韵文化遗址等空间载体，利用网络科技创新手段，形成线上线下联动展示传承方式，推动宋韵文化传承活动进校园、社区、家庭、

商场，为非物质文化遗产创造性转化、创新性发展搭建新平台。打造宋韵文化的民间非遗体验路线，挖掘包括中医药养生、特色美食、制作技艺等在内的各类非遗项目，深入挖掘宋韵文化内涵，结合文化保护展示，开发有特色的文化演出、主题餐饮、文化创意、手工艺制作、旅游商品等项目，用视觉、听觉、味觉、感觉导入，以时尚视频（微电影、短视频）、主题歌、演出、活动、表演、展览、庙会、论坛、交互体验等形式，增强参与性和体验性，让人们更方便、更深入地了解宋韵文化遗产，丰富城市文化内涵，形成新的城市文化热点。

做好"非遗＋文创"的文章。引入现代生活美学理念，对传统非遗技艺进行"再设计"，促进多种工艺、文化的融合，延长文化产业链，开发更符合现代生活方式的非遗文化衍生品系列，做好宋韵非物质文化遗产的当代活化工作。如毛戈平的"气蕴东方·宋风雅韵"带来的宋韵文化与美妆造型相结合的艺术盛宴，搭配宋朝风格的服装，伴着丝竹古乐，全面展现出一场将传统文化与现代文化相结合的东方美妆时尚秀，深受各界好评和市场追捧。文化创意产品的进一步开发可以赋予古老的宋代传统文化以新的时代意义，使之产生新的文化价值与内涵，符合大众的审美与需求。我们可以秉承宋韵文化独特审美旨趣，开发与当地地域文化相关的旅游纪念品、食品、家居产品等具有宋韵代表元素的文化产品，使宋韵文化以多种形式渗透大众生活并拉动经济增长。

第四篇

美食创意

吃出一碗宋文化

　　说起宋韵文化，当然离不开宋代饮食文化。民以食为天，人不可能离开吃，而且，食品是消耗品，早上吃了中午还要吃，中午吃了晚上继续吃。人类进入大数据时代，互联网影响了实体商店的经营方式与经营环境，对许多实体店造成了很大的冲

图4-1　《清明上河图》中售卖香饮子的路边摊

击。但是互联网不仅没有影响餐饮业的发展，它和快递业还成了餐饮业的好兄弟，对后者的发展起到巨大的推动作用。此外，餐饮业是文化产业和旅游产业中的重要一环，因此研究文旅融合发展，一定要把餐饮业研究透，找到蕴藏其中的规律，创造更多的经济财富与社会财富。

一、南宋饮食的特点与启示

宋代饮食文化深刻影响了中国人的生活习惯，构成中国文化发展潜在的一个重大影响因子。南宋时期，随着经济社会的发展，丰衣足食的生活让人们越来越讲究吃，加上南宋建都杭州，而杭州本来就是鱼米之乡、丝茶之府，丰沃稻田、绿水青山提供了充足的食材，于是南宋的美食越发丰富多彩、样式繁多。一些著名的美食，如据传由宋高宗于西湖上"钦点"的"宋嫂鱼羹"，由苏东坡引出的"东坡肉"，由百姓纪念岳飞、憎恨秦桧引出的"葱包桧"等，至今仍然是杭州人喜爱的小吃和宴请客人的必备菜。南宋的美食大体上有以下这些特色。

1. 追求食品丰盛，讲究精美可口

南宋初期，很多北方人跟着宋高宗南迁，刚到时比较困难，南宋皇帝在经济社会发展上采取了比较宽松和激励的政策，经济因此逐步繁荣，这为餐饮业的发展奠定了物质基础。北方人

到了南方，南北饮食风俗习惯出现了碰撞与融合，在美食上出现了空前的创新，诞生了许多新的菜肴。南宋临安的饮食风尚，可用两个字来概括，就是"侈甚"。据周密《武林旧事》卷九《高宗幸张府节次略》所载，仅皇帝席上的菜肴就达250多道，其中有许多是名菜，此外，还包括许多果品、蜜饯、糕饼之类的食品，令人眼花缭乱，垂涎不已，"富者炫耀，贫者效尤"（清代顾炎武著、黄汝成释《日知录集释》卷一三《宋世风俗》）。

图4-2 《吉祥多子图》（又名《橘子、葡萄、石榴图》） 〔宋〕鲁宗贵
（美国波士顿艺术博物馆藏）

图4-3 《葡萄草虫图 》 〔宋〕林椿   （故宫博物院藏）

在帝王将相的带动之下，市民们的饮食消费亦毫不逊色，凡缔姻、赛社、会亲、送葬、经会、献神、仕宦、恩赏等活动，都要操办丰盛的宴会，故杭谚中有"销金锅儿"的说法。

宋人吴自牧在《梦粱录》卷一三《铺席》中称："处处各有茶坊、酒肆、面店、果子、彩帛、绒线、香烛、油酱、食米、下饭、鱼、肉、鲞腊等铺。盖经纪市井之家，往往多于店舍，旋买见成饮食，此为快便耳。"宋人孟元老写的《东京梦华录》、吴自牧的《梦梁录》、周密的《武林旧事》，看看其中"州桥夜市""饮食果子"等章节，你就会为宋朝有那么多的美食而叹服。"会寰区之异味，悉在庖厨"（《东京梦华录》），饮食衎衎，燔炙芬芬，有美皆备，无丽弗臻——这就是宋朝的美食。其时，临安菜肴的制作已经达到极高的水平，具体可以分为水产、禽肉、素菜、羹汤、脯腊、腌菜六大类。南宋文献记载，杭州人"食不肯疏食菜羹、粗粝豆麦、黍稷、菲薄清淡，必欲精凿稻粱、三蒸九折、鲜白软媚，肉必要珍馐嘉旨、脍炙蒸炮、爽口快意，水陆之品，人为之巧，镂簋雕盘，方丈罗列"（宋代阳枋《字溪集》卷九《杂著·辨惑》）。正是这样的要求，推动了当时杭州烹饪技术的提高。南宋美食产业出现了前所未有的繁荣景象，经营规模空前扩大，出现了许多超大型酒楼和茶肆，能够承办上千人的宴食，也出现了饮食行业自己的组织——奇巧饮食社，这是过去中国饮食史上未见的。

　　两宋时许多达官贵人、文人雅士都是美食家，比如苏东坡，有关他的美食故事有很多。大家熟悉的"东坡肉"的故事，说的是苏东坡组织民工疏浚西湖，筑堤建桥，使西湖旧貌换新颜。杭州的老百姓感谢苏东坡，听说他最喜欢吃猪肉，于是大家就抬着猪挑着酒送他。苏东坡就指导老百姓将猪肉切成方块，用酒烧得红酥酥的，然后分送给参加疏浚西湖的民工们吃，大家吃后无不称奇，把他送来的肉亲切地称为"东坡肉"。制作"东坡肉"时选用半肥半瘦的猪肉，将其切成约2寸许的立方体，成菜后，皮薄肉嫩，色泽红亮，味醇汁浓，酥烂而形不碎，香糯而不腻口。吃了"东坡肉"，不仅是尝了美食，还品了文化，

图4-4　东坡肉

体验了一种为民的情怀。还有陆游，终年 86 岁，在当时这样的长寿老人是很难得的。他被后人戏称为美食家，在他留世的诗歌中，有许多饮酒诗、饮茶诗和美食诗，据说陆游的诗歌中与吃喝有关的占据了近六分之一，可见他对美食的喜爱。

2. 讲究餐饮环境和宴请氛围

宋代饮食场所建设有很强的园林化倾向。清新的空气，幽静的环境，高雅的装饰，可使顾客食欲大兴。有时也安排音乐演奏、歌舞表演等，让音乐为美食助兴。南宋出现了宅子酒店和花园酒店。所谓宅子酒店，就是将酒店装饰成官宦人家的宅舍，或者由过去仕宦人家所住的房子改建而成。这种酒店让人有一种宾至如归的感觉，颇受文人士大夫及普通吏员的喜爱。花园酒店，就是指一种园林式的酒店。这种酒店大多设在城郊景色秀丽、花草繁多的地区，个别设在城内，其建筑设计仿照园林。其他的一些饮食店铺同样十分重视店铺的内部装修。宋代临安饮食店的普遍做法是：尽量增加营业场所的空间，使消费者有舒展开阔的良好感觉。如"中瓦子前武林园"，"入其门，一直主廊，约一二十步，分南北两廊，皆济楚阁儿，稳便坐席"（《梦粱录》卷一六《酒肆》）。其还利用灯光、色彩的调配来激发顾客的消费热情，并且把饮食与娱乐相结合。酒店、茶肆等店铺往往在店堂内悬挂名人书画，用歌舞娱乐来吸引顾客。武林园用"绯绿帘幕，贴金红纱栀子灯，装饰厅院廊庑"（《梦粱录》卷一六《酒肆》），注意调节和控制好饮食店的气味、空气及声响等，使其满足饮食者的生理需要和心理需要。店堂内置放花木是宋代饮食店的普遍做法，如茶肆插有四时花卉，"列花架，安顿奇松异桧等物于其上，装饰店面"（《梦粱录》卷一六《茶肆》）。

此外，宋人认为饮食在人们的养生中占有十分重要的地位，因此对饮食养生非常重视。同时，南宋人在宴请客人时，对餐具也是很讲究的，家境好一点的人家，请客的餐具甚至是金银制成的，金器用不起，就用银器。包括碗、盘、勺子、酒杯等餐具，整套都用金器或银器，这样才显得待客有礼貌。

3. 饮食文化与节庆民俗紧密相连

宋代酒业的大发展带动形成了许多饮酒习俗,如饮宴时按巡饮酒、行令助觞、歌舞侑酒等。南宋时临安每个月都有节庆饮宴活动。临安的元宵、清明、浴佛节、中秋节等节庆活动较具特色。辛弃疾《青玉案·元夕》中的"东风夜放花千树。更吹落,星如雨。宝马雕车香满路。风箫声动,玉壶光转,一夜鱼龙舞"就渲染了南宋元夕放灯的热闹情景。元宵之夜有民间杂耍戏班穿梭于灯市、茶肆、酒楼之间,表演异彩纷呈,热闹非凡。又如春节食俗中礼仪的分量在宋代进一步加重。宋吴自牧《梦粱录》卷一《正月》记载:"士夫皆交相贺,细民男女亦皆鲜衣,往来拜节。"宋人周辉《清波杂志》说,宋元祐年间,

图4-5 《清明上河图》中,护城河桥头有一家饼铺,店主正在烙饼,饼子摊了一桌

新年贺节，往往使用佣仆持名刺代往。亲朋拜年，主家必须设宴款待，酒肉异常丰盛。宋《嘉泰会稽志》记载："元旦男女夙兴，家主设酒果以奠，男女序拜，竣乃盛服，诣亲属贺，设酒食相款，曰岁假，凡五日而毕。"宋代已有月饼。"月饼"一词出现在《梦粱录》和《武林旧事》中。明代田汝成《西湖游览志余》有中秋赏月、吃月饼和馈赠月饼的描述。

4. 餐饮业发展将酒文化推向新高峰

宋朝，随着手工业和商业不断繁荣发展，达官贵人和平民百姓对酒的消费需求迅速增大。南宋时，北方的酿酒师傅随宋朝皇帝南下，把北方的酿酒技术与江南的酿酒技术相结合，酿造出许多香醇的名酒来。南方的粮食充足，使酒的品种增多，酒的质量提高，酒业的生产范围扩大。宋代的酿酒作坊星罗棋布。制曲酿酒的酒务、酒场、酒坊遍及各地，售酒的酒楼、酒店林立城乡。宋人周密所著《武林旧事》一书记载，当时光有据可查的名酒，就有54种之多。这些名酒的制作工艺都十分精细考究，采用麦曲发酵，大多用糯米制成，酒精含量较小，口味醇厚甘甜，老少皆宜。宋代的酒中有许多是果酒，果酒大多味甜，甘美可口，且酒精度数低，妇幼喜爱。南方是多水地区，绿水青山之间泉水清澈，味中带甜。酿酒之水多选用当地名泉、佳水，故清冽润喉。有的酒是采用自然花汁调制而成，芬芳扑鼻，色泽悦目。因此，南宋的各种名酒，从帝王到百姓都十分喜爱。与唐代相比，宋代的酒具也有很大的改进，如酒注注身进一步增高，注嘴和注柄变长，使酒器显得洒脱、轻盈、别致。酒注往往还配有温酒的注碗。宋代人的婚丧嫁娶、祭神祭祖、迎来送往无不酒香泛动。特别是文人参与的各种饮宴活动，如名目繁多的官方宴会，君臣之间的娱乐饮宴，士大夫同僚朋友之间的宴、饯、招、访，无不觥筹交错。总之，当时饮酒的理由之足、去处之多、人数之众，皆为前代未有。宋代的各种文艺作品中，与酒有关的小说、评话、诗词不可胜数，有关酒的专著也前所未有地涌现。

5. 茶文化与饮食文化、酒文化一同发展

当代人主要以泡茶为主，是继承了明清的饮茶方式。茶文化在唐代大兴，至宋代进入极盛。《梦粱录》卷一六《鲞铺》谓："盖人家每日不可阙者，柴米油盐酱醋茶。"饮茶成为"开门七件事"之一。宋徽宗曾称，宋代的茶"采择之精、制作之工、品第之胜、烹点之妙，莫不盛造其极"（《大观茶论》）。在宋代，全国范围内出产茶叶 200 多个品种。据元代脱脱等《宋史·食货志》、宋徽宗赵佶《大观茶论》、宋代熊蕃《宣和北苑贡茶录》和宋代赵汝砺《北苑别录》等记载，宋代名茶计有 90 余种。当时的浙江就是名茶之府，浙江名茶在这 90 余种名茶中占了近 20 种，如产于杭州的龙井茶，产于杭州余杭的径山茶，产于杭州桐庐的天尊岩贡茶，产于杭州富阳的西庵茶，产于湖州的顾渚紫笋，产于绍兴诸暨的石笕岭茶，产于绍兴平水的日铸茶，产于台州天台的天台茶，等等。宋代茶叶贸易繁荣，品茶的场所极多。宋人洪迈《夷坚志》中所提及的茶肆和提瓶卖茶的地方达 100

图4-6　《文会图》（局部）　〔宋〕赵佶　（台北"故宫博物院"藏）
　　描绘了北宋时期文人雅士的一场品茶雅集：一庭园内设一大案，案上摆设有果盘、酒樽、杯盏等

多处。

　　宋代流行点茶。宋徽宗赵佶御笔亲书《大观茶论》，此书成为关于宋代点茶最权威、影响力最大的一部著作，流传后世。全书共20篇，其中"点茶"一篇，见解精辟，论述深刻，从一个侧面反映了宋代茶业的发达程度和制茶技术的发展水平。《大观茶论》记载："至治之世，岂惟人得以尽其材，而草木之灵者，亦得以尽其用矣。"点茶法与泡茶法比较，有3个不同的特点：一是不是将茶叶整片放入茶具中，而是将茶叶磨成粉末，放在茶具里，先注入少量沸水调制成糊状，然后直接向茶具中注入沸水，同时用茶筅搅动，让茶末上浮，形成泡沫。从点茶来说，这层泡沫越厚、越均匀、越细，茶就越好。二是泡茶是只喝茶不吃茶叶，点茶是把茶叶末都吃了，所以"吃茶"的叫法是有依

图4-7　《斗茶图》（局部）　〔宋〕刘松年　（台北"故宫博物院"藏）

据的。三是在宋代点茶常用来斗茶。斗茶是中国古代茶艺的"奥林匹克运动会项目"，上至达官贵人、文人墨客，下到平民百姓，无不热衷斗茶。苏辙的《和子瞻煎茶》中有句"君不见闽中茶品天下高，倾身茶事不知劳"，说的也是当时的斗茶风气之盛。斗茶是在两人之间或多人之间进行的，当然也可以独个儿自煎（水）、自点（茶）、自品，给人带来自娱自乐的享受。南宋开庆元年（1259），斗茶传入日本，逐步演变为当今日本的"茶道"。

相较唐代，宋代在茶叶产业发展和茶叶消费方式上取得了质的飞跃，在茶叶制作、烹茶方式、茶风茶俗、茶具制造等方面都取得了长足的进步。如在茶具方面，因点茶法取代煮茶法，

图4-8　《文会图》（局部）　［宋］赵佶　（台北"故宫博物院"藏）
画面中刻画了茶床上琳琅茶盏、盏托茶杓。一名童子手提折肩瓶，正执点茶；另一名童子手握长柄茶勺，将点好的茶汤从茶瓯中取出，舀入茶盏。堂前案桌，茶饮茗香，把盏主宾，正在品茶。画面右下方还有一座炭火小炉，炉面搁茶，正细煮调烹茶汤

茶注遂取代唐代的鍑而为主器。又相应推出点茶用的茶匙、茶
笼等。因饮茶品茗的艺术化，茶具的样式、选料和颜色等也发
生变化，形成了宋代独特的茶艺风景。

6. 饮食文化促进百姓文化生活发展繁荣

饮食文化的发展与文化艺术的创作紧密地融合起来。例如，
当时的文人雅士总是把饮酒与艺术创作放在一起。酒后挥毫泼墨、
吟诗作对、撰联填词等是临安文人士大夫之间风行的时尚。宋代
的瓦舍一般都设有配套服务设施，如茶坊、酒肆、食铺、歌楼、
浴堂等，融吃喝玩乐等于一体。当时最为普遍的文化样式是百戏
伎艺，戏剧、舞蹈、音乐、说话、说唱等应有尽有。这些艺术形
式大多是在与饮食文化浑然一体的瓦舍勾栏中发展起来的，所以
宋代的饮食文化与演艺文化是相伴相生、相得益彰的。宋代的饮
食文化也改造了社会的雅文化，并且同时改变了人们的生活方式。
如上述茶文化的繁荣直接促进了咏茶文学的兴盛，在包括饮食文
化在内的世俗文化繁荣基础上兴起的以俗为雅、雅俗贯通的文学
主张不断抬高咏茶文学的地位。宋代咏茶文学无论是文化内涵还
是艺术特色都在前代的基础上获得长足发展，并且形成鲜明特色。
临安府餐饮业的发展，饮食文化的繁荣，促进了旅游业的发展。
吴自牧记载，南宋后期，临安府几乎是万商云集："杭城乃四方
辐辏之地，即与外郡不同。所以客贩往来，旁午于道，曾无虚日。"
（《梦粱录》卷一三《铺席》）

二、中国餐饮业发展的基本趋势

我们想促进宋韵美食产业的发展，当然也要先研究一下当下中国的餐饮业已经发展到怎样的状态，这是我们思考问题的起点。中国的餐饮业，在改革开放以来的 40 多年里，随着经济社会的发展发生了巨大的变化，整体由起初吃饱就好，到逐渐追求好味道，到追求食物的多样性，到追求健康安全，到现在追求饮食文化。总体上看，当下的餐饮业正在呈现以下的发展态势。

1. 网络订餐成为一种风尚

据《第 49 次中国互联网络发展状况统计报告》，餐饮业与快递业、互联网联系十分紧密，截至 2021 年底，网上外卖用户规模超 5.4 亿人，约占当时网民整体的 52.7%。看看大街小巷到处跑着的"饿了么"和"美团"小哥，就知道这种结合的紧密度。手指动一动，美食送到家——这种网络订餐的方式极大地方便了人民的社会生活。

外卖市场规模不断扩大，外部政策环境日益健全。外卖品类不断丰富，如中国菜、西餐、日式料理等，应有尽有。配送技术不断创新，使得配送进一步便捷。商家的营业时间不断延长，有的甚至 24 小时营业。这些都促使网上订餐变得更加方便和安全。

据艾媒咨询（iiMedia Research），2021 年中国 36.4% 的白领

月均外卖次数为 1—5 次，30.8% 的白领月均点 6—10 次外卖，平均每月点 11—20 次外卖的白领人数占比为 17.4%，4.2% 的白领群体平均每月点 20 次外卖，只有 11.2% 的白领表示从来不点外卖。

2. 小吃成就大市场

"小而美"的小吃店成为投资的良选。相关报告中的数据显示，2020 年 1—9 月份，中国小吃业的营业收入达到 14737.1 亿元，同比增长达 16.5%，约占社会消费品零售总额的 11.3%。数据还显示，无论在老一线、新一线城市，还是在二、三线城市，小吃品类崛起的速度都非常快。如"沙县小吃"已经遍布全中国，甚至走向国外。"沙县小吃"以品种繁多、风味独特和经济实惠著称。其源远流长，历史悠久，起源于中原黄河流域饮食文化，在民间具有浓厚的历史文化基础。中原的饮食文化随着中原人民的多次南迁传播到沙县，使沙县成为中国传统饮食文化的汇集地。中国（沙县）小吃旅游文化节时间为每年的 12 月 8 日。2021 年，福建省三明市申报的沙县小吃制作技艺经国务院批准列入第五批国家级非物质文化遗产代表性项目名录。沙县小吃遍布全国的街头巷尾，同各地居民有着紧密的感情联系。沙县大量农村劳动力从事小吃行业，并带动周边地区数万人从事小吃行业。

3. 餐饮品牌效应增强

消费群体的"品牌消费意识"逐渐成为主流，品牌店背后有团队、供应链、品牌形象、门店管理、服务等支持。例如杭州的"外婆家"餐饮，每到餐点时总是排着长队，要吃饭就要等位子。这个品牌成立于 1998 年，现在其连锁餐厅已经遍布大江南北，在杭州、北京、上海、广州等几十余座城市开设餐厅。截至 2020 年，外婆家餐饮集团已成为拥有"外婆家""炉鱼""老鸭集""金牌外婆家""蒸年青""宴西湖""你别走""杭儿风""猪爸"等十几个知名品牌的大型餐饮连锁机构。

4. 餐饮业趋向零售化

越来越多的餐饮门店转变为拥有特定流量的终端销售场景，餐饮零售化成为一股不可忽视的力量。例如：在星巴克门店里，顾客可以购买各种款式的杯子和不同品种的咖啡豆；在一些中餐店里，顾客也可以买走黄豆酱和腌菜，在一些米线店你可以带走盒装米线；在奈雪の茶门店里，你可以买到茶叶、玩偶、短保质期零食等。

2022 年 7 月，第一财经商业数据中心（CBNData）联合阿里巴巴集团发布《2022 餐饮零售化行业观察报告》。报告指出，不少头部餐饮企业开始在团餐、预制菜等方面进行布局，进行多样化发展；大量零售渠道涌现，并逐渐推出自有品牌的餐饮产品，让餐饮零售市场更加丰富；政策支持与资本助力，以及保鲜技术、物流体系等的不断完善等方面，使餐饮零售化步入发展窗口期。从传统餐饮向零售方向进化，预制菜是当下的风口之一。报告显示：超过 50% 的消费者会选择家乡的美食；从地域美食的菜系来看，"辣"味最受喜爱，川菜占据榜首。据统计，中国已有超过74%的连锁餐饮企业自建了中央厨房，配送预制菜至门店制作。在这种零售化趋势下，如何更好地洞察消费者需求进行选品，实现门店菜品烹制向零售商品标准化、工业化生产的有效转化，将是餐饮企业零售化发展的重要问题。

5. 餐饮销售出现的场景越来越多元化

不再拘泥于传统场景，场景创新成为快速规模化的新路径。餐饮店不仅开在马路、街道边，而且有越来越多开在写字楼、加油站、便利店、零售店、移动餐车、户外、游乐场等场所中。越来越多的餐饮品牌注重网络销售与运营，许多采用"线上＋线下"的模式，如瑞幸咖啡，是"线上＋写字楼一楼"的模式。许多餐饮店改变了过去只做"堂食"生意的习惯，除了门口"摆摊"外，还纷纷加入外卖平台。为了加大业务量，很多餐饮企业还在视频平台做起了直播。有的咖啡吧老板和员工在外卖平台上注册了骑手，不仅赚外卖费，在送餐的同时，还与客户直接建立联系，点对点线下获客。许多品牌自己开发了小程序，既省下了外卖平台的分成，还能进行私域营销。

6. 餐饮门店走向小面积化

与互联网时代人们快节奏的工作相适应，餐饮业发展的共同特征之一是，做得比较好的，市值比较高的，都是"小店大连锁"，如正新鸡排、绝味鸭脖，以及其他各大茶饮品牌、小吃品牌等。这些品类中的佼佼者都有一个共同特质：门店面积小，且越来越小。从实践来看，小面积的餐饮店更能适应灵活的经营方式，投资的门槛比较低，风险也低，有利于鼓励年轻人参与经营；选址的场景也更多，一个建筑的边边角角都可以开出一家家门店来。如日本那些经营了百年以上的连锁餐饮品牌，其门店的营业面积大多在 50 平方米以内。

7. 餐饮品种趋向多样化

据调查，现在中国餐饮业中，中式正餐仍占据强势的主导地位，占据了市场份额的一半以上。值得关注的是，当前休闲简餐迅速发展，在全国餐饮业中占比越来越大，如把原来路边摊小吃肉夹馍，搬到装修高档的餐厅变成麦馍。这类转变近几年发展势头很猛。同时，西餐、日本料理、韩国料理等国际餐饮品类，在全国餐饮业态中也各占一定比例。为了更好地适应消费者的需求，餐饮业的业态细分更加精准。有正餐、快餐、外卖、小吃、团餐等餐饮形式，日本料理、韩国料理、西餐、东南亚美食等外国餐饮，还有各地老字号美食产品、地方小吃、非遗美食、茶饮等各类美食。

8. 餐饮市场创新需求越来越强

据统计，"90 后""00 后"的餐饮消费额在整体消费额中占比超过 50%。现在的年轻人不爱烧饭也不会烧饭，所以，餐饮业越来越需要适应年轻人的需求。这个消费群体的主要特点就是个性化、多元化，且这类人群比较喜欢尝试各种新颖的事物，所以他们对餐饮业的体验感、创新性关注度比较高。

9.餐饮消费者越来越关注就餐环境

在一次调查数据分析中发现，消费者最关注的因素，排在首位的是就餐环境，占据 19.2%，其次才是菜品的口味，占比 17.8%。因为现在的消费者，除了填饱肚子，更重要的是把吃作为一项休闲娱乐活动和社交活动，享受美食的同时，也要享受环境和服务。特别是现在的年轻人，吃饭时喜欢拍照发社交平台展示，而就餐环境就是常见的拍摄场景之一。现在把 1995 年至 2009 年出生的一代人叫作 Z 世代，也称为"网生代""数媒土著"，他们一出生就与网络信息时代"无缝对接"，受数字信息技术等影响比较大。很多餐饮报告都提到，Z 世代已经成为中国餐饮的主力消费人群。据统计，2020 年 Z 世代人口约占中国总人口 18%，但消费额却占到中国社会总消费额的约 35%。也就是说，Z 世代几乎是最愿意花钱的一群人。

10.美食与文化结合更紧密

从古至今，很多人都将美食作为自己笔下的主角。比如清代文人袁枚在南京写成的菜谱《随园食单》，比如梁实秋的《雅舍谈吃》，用文化的眼光看美食，就把吃变成一种文化行为。
从而，美食与文化更加紧密地结合起来，吃不仅满足生理需求，
也满足心理需求。在餐厅的设计、餐具的配置、服务人员的服
饰、菜品的名字与造型等方面，都要更加注重文化内涵的融入。
文学家汪曾祺写豆腐："北豆腐切成厚二分的长方块，热锅温
油两面煎。油不必多，因豆腐不吃油。最好用平底锅煎。不要
煎得太老，稍结薄壳，表面发皱，即可铲出，是名'虎皮'。
用已备好的肥瘦各半熟猪肉，切大片，下锅略煸，加葱、姜、蒜、
酱油、绵白糖，兑入原猪肉汤，将豆腐推入，加盖猛火煮二三
开，即放小火咕嘟。约十五分钟，收汤，即可装盘。这就是'虎
皮豆腐'。"（《人间至味》）这里，把豆腐写得让人直流口
水，不大快朵颐誓不休啊。中国一代又一代人在天地间生起烟
火，用心灵的感悟和艺术的手法精心烹制食物，在一菜、一碟、
一饭、一饮中，构建起自己的食品体系，也构建起自己的美食
文化。当中国人一辈子最值得骄傲的事情之一就是吃了上千种
食品，而有些国家的人可能一辈子吃不了数十种食品。饮食文
化是中华文明不可或缺的重要组成部分，中国人总是"吃出一
碗文化来"。

三、精心打造宋韵美食文化产业

根据宋代餐饮业的发展特点，结合当下餐饮业发展的状况，
在利用宋韵文化推进餐饮业发展的过程中可以做以下这些事。

1. 打响"到杭州，吃出一碗文化来"的品牌口号

精选最具代表性的名菜和故事，打造一场具有宋韵文化味的美食盛宴——"南宋盛宴"，也可以叫"宋韵夜宴"。精选最具杭帮菜特色的名菜，组成"宋韵夜宴"席。讲好每一道菜的故事，让美食来体现宋韵文化。把这场宴席作为政府接待贵宾和举办大型经济文化活动的接待宴会。现在的宴会，并不是拼价格，更不是拼菜品的精致程度，关键是要有特色、有故事。要把这些美食故事挖掘出来，并融入菜品之中，这样，用普通食材，也能做出有文化的宴席，让人餐过难忘。我在兰溪参加过一场以"李渔文化"打造的"李渔家宴"，每一道菜的菜名都改编自李渔的诗——"盈亏天亦如尔月"的太极八卦羹、"同住青溪隔桥郎"的白莲牛排煲、"斗酒双螯供晚醉"的笠翁品香蟹、"林鸡不晓常鸣晨"的李渔神仙炖等。整场宴会充分体现了李渔的生活美学。

2. 精心打造"三大宴"

"三大宴"即婚宴、寿宴和状元宴。可以把这三大宴做成宋韵美食的代表性宴会：婚宴中的新婚礼仪流程可以融合南宋民俗，菜肴和祝酒词都要表达百年好合、阖家美满等美好祝愿。寿宴是人生中很重要的宴会。人生苦短，在重要年龄节点请亲朋好友一聚，是对人生阶段的一次总结，是对亲友的一种感恩。可将宋代礼仪、民俗与寿宴相结合。状元宴可在每年中考、高考前各举办

一次。在大考前夕举办，是为了给迎考学子加油打气。每道菜的名字都意蕴丰富，寓意学业有成。学子们可为自己博个"天道酬勤"的好彩头。

3. 打造一批特色单品美食，重点打造一批文化糕点

糕点是家乡的味道、行囊中的乡愁。糕点也较适合被包装成旅游纪念品。可大力开发宋韵糕点，借鉴故宫博物院做文创产品的经验，打造高中低档各个系列的宋韵糕点美食，做成宋韵文化的礼品。进一步做好宋韵名菜的品牌，如由宋高宗于西湖上钦点的"宋嫂鱼羹"和由苏东坡引出的"东坡肉"等。

4. 建一批"宋韵小吃吧"

建一批类似咖啡吧、茶吧的美食小吃店，以适应当下美食产业的销售空间越来越小型化、迷你化的趋势。人们在社会交往中，需要工作空间和生活空间之外的"第三空间"，让美食与休闲结合。如果想让食客像在南京秦淮河旁品尝小吃那样吃四五个小时，就要把宋韵小吃与品龙井茶等其他宋韵休闲活动，以及商事、聚会等结合起来，把宋韵小吃打造成一个产业。

5. 重视宋韵美食包装的设计与创新

食品包装，既要保障食品安全，使食品从工厂到消费者手

中的流通过程中，避免遭受生物的、化学的、物理的损害，又要通过包装增强食品对消费者的吸引力。要以中国古典美学引领创意设计，把传统元素与时尚元素、民族特色与世界潮流结合起来。把美食包装与宋韵文化结合起来。特别是要深入研究用宋画包装宋韵美食，真正使宋韵美食让人眼前一亮。

6. 加大对宋韵美食的宣传推介

特别是要注意运用新媒体推介宋韵美食。如果有几首歌来唱响宋韵美食就更有创意了，可打造宋韵美食系列歌曲。江山市大陈村的一首《妈妈的那碗大陈面》就把大陈面的品牌推向了全国。同时，可通过各种文艺形式，把宋韵美食传播得更广更远。还可以组织各种美食文化活动，如南宋美食文化节、西湖美食节、钱塘江美食文化节等。把宋韵美食活动做成一个嘉年华，吸引更多的游客来品味宋韵美食。

7. 建立宋韵美食文化研究院

建立宋韵美食文化研究院，从宋韵美食及其文化的历史发展轨迹、当代发展规律，世界美食及其文化发展的经验，宋韵美食的品牌打造和政策环境等多方面，加强对宋韵美食及其文化的研究，为宋韵美食产业的发展奠定坚实的理论基础与思想支撑。

第五篇

产品创意

宋画的无限遐想

宋代绘画是中国美术史上的一座高峰，具有简单、含蓄、淡雅的审美意趣。宋画之美，让后世赞不绝口。

一、宋画的兴盛与特色

画家黄宾虹曾自题山水："北宋画多浓墨，如行夜山，以沉着浑厚为宗，不事纤巧，自成大家。"美国艺术史学家高居翰在《图说中国绘画史》一书中赞叹宋画之美："在他们的作品中，自然与艺术取得了完美的平衡。他们使用奇异的技巧，以达到恰当的绘画效果，但是他们从不纯以奇技感人；一种古典的自制力掌握了整个表现，不容流于滥情。艺术家好像生平第一次接触到了自然，以惊叹而敬畏的心情来回应自然。他们视界之清新，了解之深厚，是后世无可比拟的。"还有学者说："宋朝最可爱的部分，就是它不像唐朝，在唐朝一切东西都要大，而在宋朝可以小。小不见得是一个没有价值的东西。雄壮是一种美，微小也是一种美。"所以在宋画中，我们能看到气势恢宏的山，也能看到小如一叶的人。那些小鸟、小花、小树、小枝、小桥、小房，都是宋画中的常客，从中可以看出宋人观察生活是何等细致与认真。他们从平淡的生活中，感悟一种难得的乐趣与本真，一种平淡但又精致的美。宋画的发展具有以下这些特点。

1. 皇家推动绘画艺术发展

说起宋画的发展与兴盛，就不得不提宋朝几位皇帝发挥的巨大作用。皇家画院是培养高级画家的重要基地，也是许多名画诞生的平台。宋太祖建立北宋后，建"翰林图画院"，搜罗各地名家为宫廷作画，时人称"宫廷画院"或"御前画院"。北宋开国后，汴梁一带成为绘画艺术的中心，宫廷画院先后汇集了一大批在中国历史上有影响力的画家。这些画家的创作实践，让北宋绘画别开生面。到北宋宣和年间（1119—1125），画院更是得到空前发展，聚集的知名画家越来越多，各种后世知名的画作层出不穷。对宋画做出突出贡献的首推宋徽宗赵佶，他本人在绘画上具有很高的造诣，其许多名作留存至今。

金军攻陷汴梁后，北宋王朝宣告覆灭，宫廷画院随之瓦解。南宋定都临安后，宋高宗"仿宣和故事，置御前画院"（《四库全书总目提要》），开始重新建立宫廷画院，主要出于两方面考虑：一是南宋定都临安初期，修建皇宫、太庙、御前宫观和中央官署等建筑，需要许多画家参与壁画等的创作布置。二是宋高宗本人酷爱书画，在临安安顿下后，发现江南美丽的景象特别适宜作画，于是就重建宫廷画院。南宋画院以宋高宗和

宿雨清畿甸

朝陽麗帝城

豐年人樂業

隴上踏歌行

图5-1　《踏歌图》　〔宋〕马远　（故宫博物院藏）

宋孝宗两朝为最盛，聚集的画家也特别多，其中有许多画技高超。据《图绘宝鉴》《南宋院画录》等书记载，至今有名有姓可考的南宋画院画家就达 100 多人。

两宋皇家画院集中了社会上的优秀画家，其间产生的传世名作有郭熙的《早春图》《关山春雪图》，张择端的《清明上河图》，王希孟的《千里江山图》，李唐的《采薇图》《万壑松风图》，马远的《踏歌图》《水图》，等等。这一大批画作，让后世赞叹不已。

2. 绘画分科细致，作品题材丰富

宋代绘画理论著述大量问世，出版了大量画史、画论、绘画赏鉴及收藏著录等著作，如《图画见闻志》《宣和画谱》《画史》《林泉高致》等，成为后人研究古代绘画的重要文献资料。

宋徽宗创办画学时，根据绘画的内容与题材，把绘画分为佛道、人物、山水、鸟兽、花竹、屋木 6 科。北宋宣和年间由官方主持编撰的关于宫廷所藏绘画作品的著录著作《宣和画谱》，共 20 卷。书中共收三国吴至北宋画家 231 人，作品总计 6396 件。并按画科分为道释、人物、宫室、番族、龙鱼、山水、畜兽、花鸟、墨竹、蔬果 10 门。此书不仅是宋朝宫廷绘画品目的记录，而且还是一部纪传体加著录的绘画分科史书。宋乾道三年（1167）著成的《画继》辑录画家时，从八大类来划分画作，即仙佛鬼神、人物传写、山水林石、花竹翎毛、畜兽虫鱼、屋木舟车、蔬果药草、

图5-2 《寒雀图》（局部） 〔宋〕崔白 （故宫博物院藏）

小景杂画。这些都说明了宋代绘画规模之宏大、题材之广泛、研究之精细，也反映了宋代画家观察范围之广阔、感受之细腻、精神世界之丰富。从宋时的画家中也发展出不同的绘画类别，如以李公麟为代表的鞍马人物画，以郭熙为代表的山水画，以崔白为代表的花鸟画。他们的艺术内涵与精湛技巧堪称一绝。宫廷画院里的画家，受皇帝的指令与自己绘画想象力的双重影响，其画作具有浓郁的皇家贵族审美情趣，精致而又儒雅，勃发而又妩媚。

3. 文人画独占鳌头

宋代的文人画，特别是在北宋中后期之后，形成了一种艺术风潮。许多收藏家、品评家非常喜欢收藏文人画。更有不少文人亲自参加绘画实践，以绘画为时尚，喜欢也善于用绘画来表达自己的情感，把自己对人生的领悟、对世界的看法、对大自然的热爱、对他人的关怀都绘在画中。文人士大夫绘画潮流于此时形成。他们进行即兴创作，在画中抒怀。这些文人不仅具有高超的绘画技巧，而且一般擅长书法，所以，他们在自己的画作上，总是喜欢咏诗题句，形成了书画一体的风格。宋代的文人中产生了许多知名的画家，如擅长画竹子的文同，擅长画枯木怪石的苏轼，擅长画云山的米芾、米友仁父子等。米芾在《画史》中说："子瞻（苏轼，字子瞻）作枯木，枝干虬屈无端，石皴硬，亦怪怪奇奇无端，如其胸中盘郁也。"

图5-3 《枯木怪石图》（局部）［宋］苏轼 （私人藏）

4. 花鸟画取得突破性发展

宋代是中国花鸟画的成熟和极盛时期。《宣和画谱》记载，当时宋朝宫廷藏画见于著录的作品有 6396 幅，其中花鸟画占一半以上，可见花鸟画在宋代创作之盛况和宫廷对花鸟画的重视程度。宋徽宗的绘画作品中成就最大的也是花鸟画。他的《瑞鹤图》和《柳鸦芦雁图》现在分别是辽宁省博物馆和上海博物馆的镇馆之宝。

在花鸟画方面，北宋初期有"黄家富贵，徐家野逸"一说。徐崇嗣在其祖父徐熙"落墨花"的基础上，创新出直接叠色渍

图5-4　《瑞鹤图》　〔宋〕赵佶　（辽宁省博物馆藏）

染的"没骨法"——直接用颜色或墨色绘成花叶，没有"骨"，即没有用墨线勾勒的轮廓。这种方法在近代受到画家的追捧，但可惜宋时画家对其重视不足。黄居寀不但保持了其父黄筌精工艳丽的风格，而且创新出勾勒填彩法，这种画法在当时很受欢迎，给中国美术史上工笔画的发展带来了很大的影响。

宋代的许多山水花鸟画家特别喜欢写生，他们深入名山大川，游历大自然，品味山水，观察花鸟，十分重视对动植物种类、形态、习性等的观察研究，有的为了画画，还亲自种花养鸟，观察花鸟不同时节的变化与生活习性。宋代的花鸟画都是惟妙惟肖的，如黄居寀的《山鹧棘雀图》，画左下方是一只正站在溪边石块上喝水的山鹧，画的上半部分是几只或在枝头停留或在枝杈间振翅的山麻雀，画面的刻画极为生动，画的鸟十分灵动逼真，从这画中也可以看出画家观察事物的细致与技法的娴熟。还有李迪的《秋卉草虫》，画的是叶梢上螳螂高举双臂想要捕食金龟子，而金龟子及时察觉，立即振翅起飞。螳螂扑了空，只好回首怅望。

5. 山水画独树一帜

宋画里的山水画，表现的是秀美山川等自然风光，画中总会有一些对生活细节的生动描绘，如一条渡船、一位渔民、一个樵夫，也会有成队的马帮，还有古寺道观、圩市酒肆等，充满了山水与人文相融的气息。如北宋范宽的名作《溪山行旅图》，该画作描绘的是典型的北国景色，树叶间藏有"范宽"二字题款。

图5-5　《山鹧棘雀图》　〔宋〕黄居寀　（台北"故宫博物院"藏）

画中山高林茂，两峰相交处，一线白色飞瀑飞流而下。近处怪石箕踞，大石横卧于冈丘，其间杂树丛生，亭台楼阁露于树顶，溪水向远处奔腾而去。山阴道中，一队人和四头骡马载着货正艰难地跋涉。这幅画曾令无数人惊叹。《宣和画谱》中曾对范宽有这样一段论述，说他"卜居于终南、太华岩隈林麓之间，而览其云烟惨淡、风月阴霁难状之景，默与神遇。一寄于笔端之间，则千岩万壑，恍然如行山阴道中。虽盛暑中，凛凛然使人急欲挟纩也"。范宽的山水画主要表现了北方雄伟奇逸的山水。他深入细致的观察造就了与众不同的山水画风格。南宋名家李唐作《万壑松风图》时约70岁。画面山峰高峙，山石巉岩，峭壁悬崖间有飞瀑鸣泉，山腰间白云缭绕，清岚浮动，从山麓至山巅，松林高密，郁郁葱葱，山脚下有水流奔腾。一幅画尽显气象万千、气势磅礴，观之让人留恋不舍。

　　一些大自然的奇特现象也常常成为宋代画家笔下的场景。如南宋李嵩的《月夜看潮图》。李嵩活动于南宋初年，曾任宋光宗、宁宗、理宗3朝画院待诏。其作品题材广泛，山水、花卉、人物俱佳。创作的著名山水画有《西湖图卷》，花卉画有四季的《花篮图》等。《月夜看潮图》画的是到钱塘江观大潮的景象。到钱塘江观大潮自古是一桩盛事。据记载，魏晋时就出现万人空巷的观潮盛况。到南宋，中秋观潮更是举国欢腾之事。宋代吴自牧所著的《梦粱录》卷四《观潮》中说："每岁八月内，潮怒胜于常时。都人自十一日起，便有观者，至十六、十八日倾城而出，车马纷纷。十八日最为繁盛，二十日则稍稀矣。"苏东坡《催试官考校戏作》曾经描写过："八月十八潮，壮观

图5-6　《溪山行旅图》　〔宋〕范宽　（台北"故宫博物院"藏）

图5-7 《月夜看潮图》 〔宋〕李嵩 （台北"故宫博物院"藏）

天下无。鲲鹏水击三千里，组练长驱十万夫。"李嵩的《月夜
看潮图》画的不是全景式观潮盛况，而是在楼阁的一角观潮：
当是八月十五日中秋之夜，明月当空，空山广远，透过高阁的
脊檐栏杆，但见潮峰奔涌而至，卷起一条白练，浪高如山峰。
此画对于浪涛的描绘尤为精彩，描绘的浪潮细节极为逼真，画
家以简明流畅的笔法和醇厚的墨色绘出了钱塘江大潮的壮阔激
扬与空旷静谧。

6. 人物画开始反映市井平民日常生活

　　中国画中的人物画主要有道释画、仕女画、肖像画、风俗画、历史故事画等。唐代的人物画的背景以重大历史事件和贵族生活为主，而宋代的人物画题材扩展到描绘市井平民的生活百态。如王居正的《纺车图》、李嵩的《货郎图》、朱锐的《盘车图》、阎次平的《四季牧牛图》等。还出现了描绘民俗题材的节令画，如《岁朝图》《大傩图》《观灯图》等。当然，当时反映达官贵人和文人士大夫生活起居的绘画也有很多，如宋徽宗的《听

图5-8　《货郎图》（局部）　〔宋〕李嵩　（故宫博物院藏）

琴图》、刘松年的《松荫谈道图》等。还有当时对因战乱和复
杂的民族关系而造成的不幸遭遇的描绘非常流行，如金朝张瑀
的《文姬归汉图》。蔡文姬为汉代蔡邕之女，汉末战乱中被掳
至匈奴，后曹操念其父无后，以金璧相赎归汉。《胡笳十八拍》
相传为她所作。过去许多画家用这一题材表达悲伤的情绪，但
张瑀的《文姬归汉图》却画着文姬与丈夫左贤王各骑一马，前
有官员骑马引道，后有官员护送，用飞扬的线条极有韵致地描
绘出风沙弥漫的漠北大地上一队人马迎风行进，豪迈而温情。

　　讲到市井生活，我们必须讲一讲张择端的《清明上河图》。
此为中国十大传世名画之一，为北宋风俗画，是张择端仅见的
存世精品。作品以长卷形式，展现了宋京城汴梁及汴河两岸的
繁华和自然风光。据称，画中有814人，牲畜83头，船29艘，
房屋楼宇30多栋，车13辆，轿8顶，树木约180棵。人员往
来衣着不同，神情各异，栩栩如生，其间还穿插各种活动。这
是中国12世纪初期的风俗画，描绘了清明时节，汴梁各阶层人
士在城郊一带的种种活动。画家运用"鸟瞰法"表现如此纷繁
复杂的市井生活场景，充分体现了画家对社会生活极其细致的
观察和高超的绘画技巧。

7. 绘画进入手工业、商业领域，推动文化产业发展

　　在宋代，一批技艺精湛又有经济头脑的职业画家，将自己
的作品作为商品放到市场上销售。北宋汴梁及南宋临安，都有
兴旺的纸画行业。北宋汴梁建有大相国寺，该寺始建于北齐天

保六年（555）。唐代延和元年（712），唐睿宗因纪念其由相王登上皇位，赐名大相国寺。北宋时期，大相国寺深得皇家尊崇，多次扩建，是京城最大的寺院和全国佛教活动中心。寺院每月开放 5 次庙会，百货云集，人潮涌动，其中的一项经营活动就是各种字画买卖。南宋临安开放夜市，其中更有绘画扇面等的出售。宋朝的士大夫喜欢收藏名家书画。他们的厅堂、书房和卧室内，都挂着所收藏的字画。如果有雅集、文会等活动，就会挂出自己收藏的名画佳作，供宾客交流鉴赏。这个过程，被称为"挂画"。汴梁、临安等地的酒楼茶肆也会以悬挂字画来装点厅堂，美化环境，以吸引顾客。宋人在传统节日和遇有喜庆活动时，也会购画张贴，以渲染气氛。并且，手工业和印刷业的兴起与发达，推动了雕版印刷的发展与普及，不少书籍及佛经都附有版画插图。社会生活对绘画的所有这些旺盛需求，都大大推动了宋代绘画业的蓬勃发展。

二、宋画遇见设计必将产生精彩创意

用宋画打造别样精彩的文化创意产品是需要通过设计来实现的。设计，分开成单个汉字考察，"设"意味着"创造"，"计"意味着"安排"。设计的基本概念是人为了实现自己的意图而进行的创造性活动。设计就是把一个物件通过创造性的想法找到一个新的表达方式。

当下许多专家采集、抽取中国传统文化元素，分析传统文化元素符号特征，将这些元素应用于基于人机互动的文创产品设计，推动传统文化元素符号在现代创意设计中的应用，并取得了极好的效果。如腾讯和敦煌研究院共同推出的"敦煌诗巾"项目，将敦煌藻井的概念运用于丝巾设计中，是一款有关交互设计的互联网产品。在"敦煌诗巾"这一微信小程序中，有8款主题图案和近200组装饰元素，均脱胎于敦煌图案。用户可以选定一款主题图案，再叠加不同的装饰元素，对这些元素进行缩放、旋转和位置调整，从而设计出一款心仪的丝巾。并可"一键定制"这款丝巾，一段时间后，实物就会送上门。

宋画的内容是极为丰富的，是一个巨大的美的宝库。宋画通过好的设计，也完全可以被运用到各种场景中。可以把整幅宋画做到一件产品上，也可以把宋画里的元素提取出来，做成各种产品。

如杭州市上城区以宋画的文化元素为重点，研究形成宋韵文化可转化的"资源库"，提取了18个重点宋韵文化IP转化元素。推出雅生活、美妆、服饰、瓷器、铜雕、戏剧、影视、建筑、文创周边、文商旅融合10个系列共400余种作品和产品，如故宫文创＆毛戈平"气蕴东方・宋韵美妆"、万事利・宋庭印象丝巾等。值得一提的是，毛戈平美妆出品的"国色天香・宋韵雅集臻品礼盒"还荣获2021年美国缪斯设计奖最高荣誉——铂金奖，推动宋韵国风"破圈出击"，走上世界舞台。从以上可以看出，宋画及各种宋韵文化符号和文化元素做文创产品是大有空间的。

如在宁波，在各种文化项目中融入宋画元素，打造出许多具有鲜明的宋韵文化特色的项目。总投资约 1.5 亿元打造的东钱湖·官驿理想村，以"永遇宋乐"为主题，以宋式美学为总体风格，以宋画中的园林为蓝本，以史氏家族文化为锚点延伸，旨在重现宋式美学生活体验，并成为一个宋韵生活方式品味地。

如河南开封，近年来对宋画文化元素进行了全方位的开发。其推出的宋代绘画文创展，集中展现了宋代艺术精品；"当代宋瓷国礼展"，全面展示了多年来我国在重要外事活动和重大国际会议中向外国元首和政要赠送的宋韵礼品，让"开封礼物"成了"黄河礼物、河南礼物、国家礼物"。

宋画开发文创产品的空间是很大的。如宋徽宗《瑞鹤图》——宋徽宗在目睹政和二年（1112）上元节群鹤伴着祥云至宣德门的场景后，将此奇景绘制于绢帛之上，并题诗。中华民族历来特别看重仙鹤，把它作为长寿、高洁、优雅、忠贞的象征。《瑞鹤图》也被历代中国人所喜爱。近年来，一些设计师对《瑞鹤图》进行元素提取，应用于中式婚礼请柬、礼盒包装、书签、信封等文创产品的设计中。也有人借鉴《瑞鹤图》蓝色与黄色的对比色调，提取仙鹤图形元素，采用金属镂空工艺制作扇子形状的书签，整体颇为精巧雅致，受到消费者青睐。

三、怎样用宋画打造别样精彩的创意

1. 宋画在城市建设中的运用

散发着无穷美的宋画，如果运用到城市建设之中，且在一些场景中运用得恰当，一定会让人惊艳。建议可以在以下场景中运用宋画。

（1）宋画在城市标识场景中的应用

城市环境涉及很多类型的标识，主要分为城市识别标识、导向标识、管理标识和市民生活指导标识等。其中涉及定位系统的有路名、路牌、路标，建筑物名称、门牌号、店面招牌等。涉及特殊指示系统的有公园标识、重要公共建筑标识、文物标识、通道标识等。涉及文明提示系统的有政府告示、城市介绍、文明设施等。宋画可以应用到这些标识上。特别是在一些老街区，比如杭州南山路一带的老街区，以及清河坊及周边街巷，都可以将宋画及其元素应用于路牌、门牌、商铺招牌、城市特色宣传画等的设计中。

（2）宋画在"城市家具"场景中的应用

"城市家具"一词是英文 street furniture 的中文解释。之所以被称为"家具"，是因为它们让户外场所也能像家一样方便舒适，给人一种亲切感，蕴含了人们对城市生活的憧憬。"城市家具"既能服务市民生活，又能传播城市故事。"城市家具"

涵盖范围很广，如垃圾箱、邮箱、电话亭、休闲椅、照明设施、小花坛等，这些都是在市民生活中必不可少的。在国外，很多城市的"城市家具"常常具有十分鲜明的设计风格，而且经常与某些文化艺术事件相关。比如一座城市举办过世博会或大型艺术节，就留下许多相关的"城市家具"。

"城市家具"具有三大功能：一是装饰功能。别看这些东西不甚起眼，但往往是城市给人的第一印象。"城市家具"设计得美不美，会体现一座城市市民的生活水平和审美品位。二是实用功能。"城市家具"与一般家具是一样的，为所有市民提供出行、卫生、服务、休息等方面的便利，是城市人文关怀的载体。三是传承功能。"城市家具"作为城市环境景观中重要的组成部分，体现出城市积淀下来的文化传统。如当你站在欧洲某座老城的街头，看着路边的一个电话亭、一个老邮筒，你都会感叹这个城市悠久的历史。所以，"城市家具"也是一种很好的文化传承载体，可以很好地传递城市的文化和精神，也可以激起市民对城市历史的自豪与热爱。为此，在"城市家具"的设计与建设方面，要更加体现城市的文化个性与独特的文化魅力，传达城市的文化价值观。

如杭州的公交车站候车亭，人流量大，而且位置都在大路边。候车亭这一"城市家具"集合体就是城市最好的"广告位"。杭州的公交车站候车亭如果能用宋徽宗的花鸟画来装饰，或许会令人惊艳，可以把宋徽宗的画用在候车亭的道旗、站点信息牌、灯箱、座凳等"城市家具"上。此外，也可以把其绘制在城市围墙上，打造"皇帝画一条街"。

[图5-9 《梅花绣眼图》 〔宋〕赵佶 （故宫博物院藏）

（3）打造宋画主题文化公园

可以根据主题把宋画运用到城市公园建设中，在杭州打造一批宋画主题文化公园，如花鸟画主题的，山水画主题的，人物画主题的，宋人优雅生活主题的，宋代市井生活主题的，等等。也可以把宋画应用到城市的绿化带、步行道上去，如打造几条宋画游步道等。南宋画院在杭州存在了100多年，有姓名可考的画家约120人，其中李唐、刘松年、马远和夏圭成为雄踞南

图5-10　《桃鸠图》　〔宋〕赵佶　（私人藏）

宋画坛的四大名家。这些画家，有的存世作品颇丰，故可以打造这些知名画家的主题文化公园。如果把以上这些文化主题公园与宋韵音乐、书法、诗词等结合起来，文化形态就更加丰富，公园的吸引力也就更大了。

当然，除了以上这些，也可以常年举办露天的宋画展，作为一种公共空间里市民化的艺术展览，成为城市里一道亮丽的风景线。

2. 宋画在纺织产品中的应用

纺织业按其终端用途可划分为3个产业，即服装用纺织品业、产业用纺织品业和装饰用纺织品业，其中服装业和装饰业都可以用宋画来设计产品。

宋画可以用到装饰用纺织品上。如在家用纺织品上的使用：一是床上用品。如把宋画中的花鸟画设计到被面、床单、床罩、枕头套等家纺上。二是窗帘类纺织品。窗帘对于室内装饰是极为重要的。可以根据室内总体格调与设计理念，选择合适的宋画来装饰窗帘。厅堂可以选用山水画，大气典雅；卧室可以选用花鸟画，温馨雅致。三是家具类纺织品。宋画可以装饰沙发面，椅子的靠垫、坐垫等。四是其他一些纺织物件。如布面箱包、毯子等。

宋画的一大用途是做服装——"把宋画穿在身上"。可以整幅使用，也可以把宋画元素用到衬衫袖口、衣领、袖扣和裙子的腰带上，用在手套、袜子、帽子上。宋画可以作为丰富的图案资源，用在各类服饰设计中。

宋画最适配的应用对象之一应当是丝绸。白居易曾经用"红袖织绫夸柿蒂，青旗沽酒趁梨花"（《杭州春望》）表达杭州丝织业的发展水平。宋代丝织业发展达到高峰。历史上清河坊鳞次栉比的绸庄见证了杭州丝织业的兴盛。绍兴的丝绸也久负盛名，越罗、尼罗、寺绫等驰誉中外，在商品贸易中获得较高利润。北宋时沈立就称绍兴的纺织业"纱绫缯帛岁出不啻百万缣"（《越州图序》），可见其产量之大。如今，浙江的丝绸产品，包括绸、缎、棉、纺、绉、绫、罗等 10 多个大类共 200 多个品种。创办于 1975 年的万事利集团，创造了年出口丝绸服装 500 多万件（套）的佳绩，成为中国丝绸行业的领头雁。G20 杭州峰会的丝绸国礼就是万事利集团生产的。

宋画与丝绸珠联璧合。如丝绸画本身就可以把宋画作为重要题材。如果直接把宋画做成丝绸画，如制成织锦画、双面绣

图5-11　缂丝画《莲塘乳鸭图》　〔宋〕朱克柔　（上海博物馆藏）

等作品，也会受到欢迎。宋画及其元素也可以运用到丝绸床上用品和丝绸服饰中。

此外，宋画还可以运用到其他日常用品的设计中，如雨伞、扇子、瓷器等。

3. 宋画在产品包装方面的应用

对于一种产品来说，怎样包装是一件非常重要的事情。中国美术学院的学生到浙江丽水，把当地的农产品如香菇、木耳、笋干等重新包装一下，放到网上销售，价格翻了一倍，可见好的包装会极大提高产品的附加值。包装是产品的品牌理念、产品特性、消费心理的综合反映，它直接影响消费者的购买欲。当今时代，包装已经与商品融为一体，包装的创意直接影响产品的美誉度和知名度，也影响产品的销售情况。包装设计的创造性主要体现在设计创意上。一个好的新点子造就的一个别样的创意设计，是成功的包装设计的核心与本质。

成功的包装，要具有这些功能：一是保护功能，让商品在运输过程中不受损伤，而且要方便运输。二是识别功能，从包装上就可以分辨出商品的性质与特性。三是提高附加值的功能，通过包装就让购买者增强购买欲望。包装是一门综合性"学科"，具有商品和艺术品的双重属性。包装是直接美化商品的艺术，优秀的包装设计可以具有很强的艺术性。四是环境保护功能。包装既要艺术化，也要简洁化、生态友好化，把美与环保结合起来。

图5-12　《白头丛竹图》　〔宋〕佚名　（故宫博物院藏）

　　食品、服装、丝绸产品等工艺品的包装袋或包装盒，也可以用宋画来装饰，既风雅又富贵。有许多题材的宋画本身可以与产品结合起来，如宋画中的竹子。苏东坡曾言："可使食无肉，不可居无竹。无肉令人瘦，无竹令人俗。人瘦尚可肥，士俗无可医。"（《於潜僧绿筠轩》）可见他对竹子的钟爱。竹子的"劲节"，代表不屈的气节；它的"虚空"，代表谦逊的品格；它的"萧疏"，代表超群脱俗。宋画中有许多画是有关竹子的，有朱竹、墨竹、多色竹等类型，有工笔也有写意，竹子在烟、雨、风、

图5-13　《墨竹图》　〔宋〕文同　（台北"故宫博物院"藏）

雪中展现自己独特的风采。凡是竹子制品，都可以用宋画中的竹画来包装，自带气节，自成品位。其他宋画也可以有类似的搭配组合。

四、画瓷同源，做好青瓷这篇文章

讲了宋画，不得不讲一下青瓷。若说唐三彩是唐代文化的代言物，那么青瓷就是宋代文化的代言物。

宋代文化审美观一改唐代的五彩缤纷，转向含蓄宁静、优雅平淡，青瓷最能代表宋代的审美意趣。唐三彩胜在釉色浓艳瑰丽，而青瓷以瓷质细腻、线条明快流畅、造型端庄浑朴、色泽纯洁而著称于世。

杭州是南宋官窑所在地。官窑原是北宋皇室在开封专设的瓷窑，宋皇室南迁时，带来许多能工巧匠，之后招募南方的瓷器高手，特别是龙泉青瓷制作能手，在杭州皇城西南林木茂盛的丘陵地带重设了官窑。这个官窑专门负责为皇帝及皇室烧制高级生活用瓷和陈设瓷。

南宋官窑与龙泉青瓷一脉相承。龙泉位于浙江西南部，境内山清水秀，溪流纵横，瓷土资源十分丰富，且山高林密，燃料充足。龙泉溪位于瓯江上游，水运畅通，烧制成的龙泉青瓷通过水运直抵温州港口。优越的自然环境为龙泉窑生产青瓷提供了良好的外在条件。

龙泉是浙江省历史文化名城，以生产青瓷著称，庞大的古代窑址支撑起了著名的龙泉窑。

据考证，青瓷诞生于汉代，瓷器质量以浙江的越窑为最佳。20 世纪 70 年代以来，浙江丽水地区陆续发掘出一批三国两晋时期的古墓，墓内出土的瓷器与越窑瓷器略有差别，推测为龙泉窑早期的产品。

宋元之际，龙泉弟窑青瓷的烧制进入鼎盛时期。凭着历代窑工的智慧和技巧，这里才能烧制出青如玉、明如镜、声如磬的青瓷。青瓷"绚烂之极，复归平淡"的审美境界正符合宋代的美学思想，后者客观上又促进了宋代青瓷的发展。南宋时龙泉烧制出晶莹如玉的粉青釉和梅子青釉，更是让龙泉青瓷的发展达到鼎盛，让其辉煌了数百年。除此以外，青瓷在世界范围内也受到瓷器爱好者的喜爱。

南宋官窑以当地的瓷土和含铁量较高的紫金土为原料，按照宫廷的审美偏好，经过精心加工和纯熟烧制，生产出了温润如玉的官窑青釉瓷器。官窑青瓷的特点是以造型和釉色作为美化瓷器的手段，器形简练、端庄，瓷胎很薄，釉层丰厚，色泽晶莹，瓷器表面布满形状不规则的纹片，质感如玉。由于质量很高，加上御窑的神秘性，南宋官窑青瓷历来被视为我国古代瓷器中的珍品。多次上釉、多次烧成的工艺程序，为玉质感和开片装饰的形成提供了技术保障。2020 年 5 月，青瓷入选"浙江文化印记"。

龙泉青瓷传统上分"哥窑"与"弟窑"。许之衡《饮流斋说瓷》有载："宋处州龙泉县人章氏兄弟均善治瓷业。兄名生一，当时别其名曰哥窑。""章生二所陶器名章龙泉窑，又名弟窑。

前所述章生一之哥窑即其兄也。"是否真有兄弟二人，已说不清楚，但说明了有两种不同的龙泉青瓷产品存在：一种是白胎和朱砂胎青瓷，称"弟窑"或"龙泉窑"；另一种是釉面开片的黑胎青瓷，称"哥窑"。

"哥窑"出现于南宋中晚期，与著名的官、汝、定、钧并称为宋代五大名窑，特点是胎薄如纸，釉厚如玉，釉面布满纹片，紫口铁足，胎色灰黑。"哥窑"以瑰丽、古朴的纹片为装饰手段，如冰裂纹、蟹爪纹、牛毛纹、流水纹、鱼子纹、鳝血纹等，加之其釉层饱满、莹洁，与釉面纹片相映，更显古朴典雅。此类产品以造型、釉色及釉面开片取胜，因开片难以人为控制，裂纹无意而成，天工造就，更符合自然朴实、古色古香的审美。

"弟窑"胎白釉青，釉色以粉青、梅子青为最，豆青次之，被誉为民窑之巨擘。弟窑青瓷釉层丰润，釉色青碧，光泽柔和，晶莹滋润，胜似翡翠。青翠的釉色，配以橙红底足或露胎图形，产生赏心悦目的视觉效果。南宋中晚期起，尤其是在元代，运用露胎的作品大量出现，人物塑像的脸、手、足等，盘类器物内底的云、龙、花卉等，装饰独具神韵。现代的龙泉青瓷忠实地继承了中国传统的艺术风格，在继承和仿古的基础上，更有新的突破，研究成功紫铜色釉、高温黑色釉、虎斑色釉、茶末釉、乌金釉和天青釉等。

我们推进宋韵文化传承发展，就要做足青瓷的文章。建议进一步加强对青瓷历史及其当代价值的研究，大力开发青瓷系列文创产品，使其品牌化、产业化，使其融入当今人民群众的生活。要利用文化旅游资源推广青瓷产品，比如：在清河坊商业街的显著位置展示、销售青瓷文创产品；要与龙泉等地相结合，每年举办青瓷博览会、青瓷论坛等；要通过各种媒体宣传推介青瓷，努力将之打造成宋韵文化的代言物。同时，要注意把青瓷、宋画结合起来，如：青瓷产品可以用宋画元素来包装，打造出别样精彩的"瓷画宋韵"代表性产品，成为蜚声中外、独具韵味的宋韵文化载体。

图5-14　"哥窑"青瓷，为黑胎开片瓷器

图5-15　宋龙泉窑青釉刻花莲瓣纹五管盖罐
（上海博物馆藏）

第六篇

艺术创意

流淌千年的音乐

宋代音乐是一个很值得研究的课题，它能给我们今天音乐产业的发展带来无数灵感。宋代几乎可以说是中国历史上最具音乐氛围的时代，也可以说是中国音乐发展史上的转折点。

图6-1　《听琴图》（局部）　〔宋〕赵佶　（故宫博物院藏）

一、宋代音乐发展的重要特点

1. 市民音乐得到空前发展

宋代，随着经济的增长、城市的不断兴起，人口向城市高度集聚，城市市民阶层逐渐形成，使音乐的发展有了厚实的物质基础和思想文化基础。宋代出现了许多大都市，像当时杭州，人口曾逾百万。唐代时 10 万户以上的城市有 10 多座，到了宋代已激增至 40 余座，如汴梁、成都、广州、泉州等。汴梁、成都等一些大城市成了国内的商贸中心，沿海一带的泉州、广州等大都市成了国际贸易中心。城市和经济的大发展带来了音乐的大发展。随着市民阶层的兴起，昔日供达官贵人享乐和文人雅士唱和的音乐，快速向市民阶层发展。

所谓市民音乐，就是以城市为中心，在市民大众中产生，被市民享受与传播的一种音乐形式。戏曲、器乐、民歌、舞蹈等都是市民音乐的主要表现形式。宋时，宫廷歌舞大曲在音乐中的核心地位逐渐被新兴戏曲所代替。音乐的主体逐步由王公贵族转为平民百姓。许多音乐作品脱下阳春白雪的外衣，作为一种商品进入市场。民间的音乐，一有阳光就灿烂，一有雨露就发芽，呈爆炸式发展态势。音乐主体听众的改变，使音乐的形式也随之发生了翻天覆地的变化。为适合市民阶层的欣赏偏好，说唱、戏曲等民间音乐艺术得到长足的发展，尤其是综合戏曲的产生，使中国音乐的主流由唐以前的歌舞音乐转为宋以后的戏曲音乐，可以说，宋代是中国音乐的一个重要转折期。

宋代音乐是在汉唐音乐的基础上发展起来的。朝代的更替，使得大量艺人、乐曲及乐器流入民间，为民间艺人学习音乐提供了绝佳机会。唐代以前的音乐人大多是依附于宫廷、贵族和

图6-2　《停琴摘阮图》（局部）　〔宋〕赵伯驹　（台北"故宫博物院"藏）

图6-3 《携琴闲步图》 〔宋〕佚名 （上海博物馆藏）

官宦之家的，他们没多少人身自由可言，但是到了宋代，随着社会管控的放松，这些官府音乐人的人身自由状况得到大大改善，社会地位有了相应提高，收入增加，这为市民音乐的发展创造了相对宽松的环境与良好的条件。

2. 音乐形式不断创新

宋代在曲调与乐谱方面不断出现革新，形成了"减字""偷声""摊破""犯调"等变通运用和创新曲调的手法。徐缓抒情、细腻深刻的"慢曲"成为当时流行的曲式。据记载，当时繁荣的音乐艺术已经具备了五大类不同的形式：歌曲上，有叫声、唱赚、嘌唱等；歌舞上，有舞剑、舞旋、舞判等；说唱上，有鼓子词、诸宫调、说话四家等；戏剧上，有杂剧、傀儡戏、影戏、杂扮、南戏等；器乐上，有清乐、大乐、细乐、独奏等。当时出现了歌舞剧，其形式主要有 3 种：一是转踏，其演出分若干节，每节一诗一词，唱时伴以舞蹈。二是大曲，是一种规模很

图6-4 《百子嬉春图》（局部） 〔宋〕苏汉臣 （故宫博物院藏）
右下方中间的孩童正在表演皮影戏

大的歌舞组合形式。三是曲破，始于唐、五代，当时只偏于乐舞，宋代后开始借以表演各种故事。还有一种叫诸宫调，音乐变化更复杂。譬如《西厢记诸宫调》为金朝董解元作，是诸宫调中的杰出之作，其对《莺莺传》的故事加以种种合理编排，增强了戏剧效果。同时也出现了由运用单支曲调向以不同方式联合运用多支曲调发展的趋势，形成了多样的声乐体裁与形式。

3. 专业组织与固定场所产生

宋代音乐产业发展出了固定的娱乐场所，形成了专业的艺人群体和专门的音乐组织和机构。宋时，专门的音乐表演场所日益增多，瓦舍勾栏是其主要形式之一。宋代瓦舍勾栏不仅大城市有，中小城镇也有。瓦舍勾栏中的表演节目丰富多彩，"百戏杂陈"，具有鲜明的市民艺术特征。瓦舍艺术适应了市民的审美情趣，使观众如痴如醉。其中的音乐表演属于商业性活动，要走市场化路子，没有观众就没有一切。为此，瓦舍勾栏成为艺人们相互比拼、大展技艺的舞台，也成为他们相互切磋、共同进步的平台。作为固定的音乐场所，瓦舍勾栏拥有一大批相对稳定的观众，使自身能够长期运营下去。而且，有固定的演出场所，就需要有一批相对固定的专业艺人进行表演，这就促成了高度职业化的艺人队伍的产生，从中也慢慢产生出煊赫一时的艺术"大咖"。据说，两宋先后出现了一批知名艺人，如诸宫调有孔三传，嘌唱有张七七、王京奴，杂扮有刘乔，傀儡戏有任小三、张金线、李外宁，等等。

随着艺人队伍的壮大，在竞争中需要保护艺人的利益。同时，遇到一些纠纷或争议时也需要有第三方机构进行评判。于是就出现了专业艺人组织，如书会、社会等。书会是指专为说话人、戏剧演员编写话本和脚本的行会组织，成员大部分是科举失意但有一定才学的文士，也有一部分是低级吏员、医生、商人，以及较有演唱经验的艺人。这些成员被统称为书会先生。社会是由专门从事表演艺术的职业艺人组成的行会组织。比较著名的有绯绿社（杂剧）、遏云社（唱赚）、同文社（耍词）、清音社（清乐）、绘革社（影戏）、律华社（吟叫）等。《梦粱录》卷一《元宵》记载："姑以舞队言之，如清音、遏云、掉刀鲍老、胡女、刘衮……各社，不下数十。"各社中艺人人数多的，甚至有 100—300 人。

4. 音乐与民众生活紧密联系

宋代的传统节日、婚丧嫁娶、迎宾庆典，都离不开音乐相伴。酒肆茶馆中用器乐或声乐来吸引买家，也是极为常见的。可见当时的音乐艺术与人们的生活息息相关。音乐活动和市民的日常生活更加紧密地结合在一起，这为音乐的发展提供了充足的养料，进一步推动了市民音乐的发展。

宋代是词大发展的朝代，燕乐新声的发展也为宋词的发展提供了条件：宋代文学家多通晓音律，能自己创作曲调，加上来自教坊、民间和域外的创作，可以说是"新声竞繁"了。曲调新创不断，演唱需求旺盛，大大刺激了词的创作，促进了宋

图6-5 《观灯图》（局部）　［宋］李嵩　（台北“故宫博物院”藏）

图6-6　《杂技戏孩图》　〔宋〕苏汉臣　（台北"故宫博物院"藏）

词的繁荣。宋代不少著名词人的作品像当今流行歌曲一样，传唱于瓦舍勾栏和其他各种表演场所中。作为一种音乐文学，宋词的创作和传唱过程一般是先有乐曲，再倚声填词，然后付之歌唱。宋代的词人都很重视自己作品的传唱，而宋代的歌者也知道根据词人的风格和作品，以不同的方式演唱。宋人俞文豹的《吹剑续录》记载，苏轼问一个善歌的幕士："我词比柳（柳永）词何如？"那人答道："柳郎的词，最好是十七八的女孩儿，拿着红牙板拍板唱'杨柳岸，晓风残月'。学士你的词那就需要关西大汉拿着铁板唱'大江东去'了。"

5. 音乐理论得到长足发展

宋代的音乐理论对后世产生了重要影响。在音乐思想上，理学的开山鼻祖周敦颐首先提出"淡"与"和"的音乐观，主张音乐当如古乐既淡且和，认为"淡则欲心平，和则躁心释"，"不复古礼，不变今乐，而欲至治者，远矣"（《通书·乐上第十七》）在这种思想理念的影响下，宋朝宫廷和文人雅乐，从音律的确定到乐曲的创作，都具有浓郁的怀古、复古的氛围。这一时期音乐理论著作也大量涌现，比如陈旸的《乐书》、沈括的《梦溪笔谈》等都涉及音乐理论。而且宋代的音乐具有很强的包容性，能够博采众长，兼容多种乐理。宋代音乐在发展过程中，广泛吸纳了前人的优秀音乐艺术形式，并且能将多个民族的音乐融合在一起。宋代，乐器有了许多改进，如奚琴、笙等，同时也有新乐器被发明，从而丰富了音乐的表现形式。

6. 浙江音乐空前繁荣

在南宋绍兴年间（1131—1162），杭州的勾栏艺人张五牛将一种以特殊节奏而引人入胜的歌曲形式，"赚"，运用到缠令中去，于是形成了兼有缠令、缠达和赚的曲种——"唱赚"。唱赚属于歌曲的范畴。宋代的说唱音乐和曲子有较多联系的是鼓子词和诸宫调。鼓子词的音乐形式比较简单：用一首曲子反复咏唱，中间插入散文讲说，以说唱故事。诸宫调为北宋熙宁、元丰年间（1068—1085）汴梁勾栏艺人孔三传首创。其音乐结构是用同一宫调的若干首曲子连成一个套数，把不同宫调的若干套数或单曲连接起来，用以说唱长篇故事。金章宗在位期间（1189—1208）董解元作词的《西厢记诸宫调》，是现存最完整的一部诸宫调作品。包括重复的，共有长短套数约 190 套，共 444 曲——其音乐之丰富可以想见。

对于宋代的浙江音乐，值得一说的是南戏。南戏有多种异名，南方称之为戏文，又有永嘉杂剧、鹘伶声嗽、南曲戏文等名称。南戏是北宋时在浙江永嘉地区（今温州）形成起来的，宋室南渡后更是得到迅速发展。南戏剧本没有折数限制，音乐没有宫调的束缚，各种角色都能唱，还有对唱、齐唱等活泼多样的演唱形式。南戏的这些特点，使它在广大地区有充分发展的空间。《赵贞女蔡二郎》《王焕》等都是当时很出名的南戏作品。

总之，宋代的音乐，为后世中国音乐向多样化、专业化方向发展，对中国音乐的主体由歌舞音乐向戏曲音乐转变都产生了深远的影响。

二、中国音乐产业发展的时代趋势及历史机遇

1. 近年来中国音乐产业迅猛发展

《2020 中国音乐产业发展总报告》（以下简称《报告》）指出，2019 年中国音乐产业总规模达 3950.96 亿元，同比增长 5.42%，发展态势稳中有增，以数字音乐为主的核心层产业保持了 8% 以上的高速增长。随着新冠疫情给全球经济运行带来更多不确定因素，中国音乐产业需要提升质量，通过内容、科技、商业模式、业态和消费场景的全方位创新，推动持续高速增长模式转向新一轮高质量发展模式。《报告》指出 2019 年演出市场总体规模达 200.41 亿元，同比增长 9.9%；音乐类演出票房总收入 73.79 亿元，同比增长 8.2%；音乐演出市场消费结构持续年轻化，"90后""00后"已成为现场娱乐消费主力；虚拟现实、交互技术、"沉浸式"音乐创演带来全新的观演体验；音乐演出与电商、新零售、新消费领域的深度跨界融合成为未来重要发展趋势。

据《报告》，从 2019 年中国音乐产业各细分行业的整体产值、增速对比来看，产业规模前 3 位分别为卡拉 OK 产业、音乐教育培训产业、数字音乐产业；同比增速居前的行业全部为核心层产业，分别是音乐版权经纪与管理产业、音乐演出产业、数字音乐产业。数据表明中国音乐产业进入高质量转型期后，版权保护环境持续优化、观演消费潜力不断释放、数字经济跨界融

合与科技创新将成为中国音乐产业发展的核心动力。

2. 数字音乐产业异军突起

《报告》指出，2019 年中国数字音乐产业规模达到 664 亿元，同比增长 8.4%；数字音乐用户规模超过 6.07 亿人，同比增长 9.2%，网络音乐用户渗透率达到 71.1%。围绕"音乐＋"业态融合的转型升级，流媒体音乐下载、在线 K 歌、音乐演艺互动社交等成为拓展数字消费市场和增加盈利模式的主要途径。优质内容的增加、数字平台消费频次的增加，以及付费订阅模式的优化，不断增强用户的付费意愿。

3. 音乐产业版权保护环境持续改善

国际唱片业协会研究数据指出：2018 年，中国实体唱片消费的正版率已高于国际平均水平；演艺经纪、数字音乐平台的版权运营也日趋规范，但版权法规执行效力、版权维权合作以及付费意识尚存不足；未来大数据、区块链等科技创新应用将在版权保护方面发挥越来越重要的作用。

据《报告》，2019 年中国音乐著作权协会许可收入达到 4.04 亿元，同比增长 27.88%；中国音像著作权集体管理协会的总收入近 2.91 亿元，同比增长 27%。

4. 音乐教育培训业发展态势良好

据《报告》，2019 年音乐教育培训产业规模为 920 亿元，同比增长 7.9%。其中，音乐考级报名人数约为 169 万人，考级产业规模为 848.5 亿元；音乐类艺考报名人数约为 14.3 万人，培训产业规模约为 71.5 亿元。"95 后""00 后"等互联网活跃用户群体，以及"粉丝""艺考生""发烧友"等特色消费群体成为支撑线上流媒体音乐平台、音乐图书和乐器销售，以及线下演唱会、音乐节、艺术教育等细分行业的消费主力军。从人口结构来看，我国出生于 20 世纪 60 年代的人群将催生一个千亿规模级别的银发社交娱乐市场，中老年音乐教育培训将成为未来行业新的增长点。

5. 智能科技全面应用于音乐产业

据《报告》，5G、人工智能科技的应用加速了 K 歌平台内容的视听融合，通过营造生动且沉浸式的互动体验模式，打造满足受众碎片化娱乐需求的在线 K 歌方式，在线 K 歌行业驶入发展快车道。音乐科技创新及其产业化应用成为音乐各行业实现跨越式发展的主要动力。如：演出行业在 VR、AR、全息投影、4K 超清等新兴技术上的开发和应用，形成新的演出业态，为观众打造全新的观赏体验；人工智能、5G、云技术对数字音乐产业内容多元生态构建产生影响；依托语音交互技术，智能音箱实现跨越式发展；基于演奏识别技术的开发，智能教育成为音乐教育培训行业的新亮点；等等。音乐与科技的跨界融合和共赢互动，为中国音乐产业的发展增添了无穷的动力。

6.音乐产业全方位发展

音乐产业可分为核心层、关联层、拓展层3部分，其中包含11个细分行业。核心层包含音乐图书产业、音像产业、音乐演出产业、音乐版权经纪与管理产业、数字音乐产业；关联层包含乐器产业、音乐教育培训产业、专业音响产业；拓展层包含广播电视音乐产业，卡拉OK产业，影视、动漫、游戏音乐产业。这11个细分产业近年来产值规模都有显著提升。《报告》指出，在疫情背景下，以文化创意、科技创新为根本动力的核心层产业抗风险能力更强；拓展层产业受传统市场收缩影响，亟待结构性调整。值得一提的是，中国乐器行业主营业务收入增速已超过同期全国轻工行业的平均水平。总体看来，中国音乐产业拥抱数字经济、智能化转型，前景可期。

7."原创音乐＋多元业态"势头强劲

《报告》指出，原创歌曲成为音乐类综艺节目的重要元素。音乐综艺带来的高曝光量不仅为老牌歌手提供更多出歌、宣传自身的机会，也帮助新生代歌手获取粉丝圈层之外的听众。原创独立音乐厂牌则从音乐本身出发，利用更多新兴技术创造出一系列具象化的潮流文化产品或衍生品，如带有音乐元素的时尚单品、餐饮品牌等，实现原创 IP 开发闭环运作。

8."实体产品＋新兴消费"持续升温

据《报告》，黑胶唱片市场持续升温，通过与书店、音乐厅、快闪店、服装潮牌店等实体店结合，打造"黑胶＋"概念店等，并逐渐渗透到年轻人的生活中，开发与消费者紧密连接的"黑胶＋"新型运营模式；传统乐器企业也正在将品牌价值向音乐教育、文化、音乐扶贫等领域全方位延展，形成"乐器制造＋乐器销售＋音乐教育＋音乐文化产业"的共生发展模式。

三、把宋韵文化融入音乐产业发展的创意

浙江音乐源远流长。20 世纪 70 年代在浙江余姚河姆渡遗址发掘出土大量骨哨及陶埙，足以反映早在 7000 多年前，我们的祖先就在这块古老的土地上播下了音乐的种子。浙江繁荣的经济、发达的文化，为音乐文化的发展提供了有利条件。浙江在历史上产生了"浙派古琴""舟山锣鼓""江南丝竹""嵊州越剧""新昌调腔""金华婺剧""四明南词""绍兴莲花落"等一批丰富多彩的音乐门类及各自的代表人物。

浙江音乐取得了重大成就。从 2003 年以来全国精神文明建设"五个一工程"奖中，浙江每届都有许多歌曲获奖。如歌曲《同志们》《东方为什么红》《钢筋班的棒小伙》等，音乐剧《告诉海》，

大型歌舞类节目《宋城千古情》，歌剧《红帮裁缝》等都榜上有名，同时，10多年来又产生了大量优秀的歌曲，如《美丽浙江》《人间西湖》《人间天堂》《谁是最美的人》等。

把宋韵文化与音乐产业结合起来，可以做的事是很多的，以下建议可以参考。

1. 把宋韵音乐融入城市建设

音乐是塑造城市形象的重要元素，是增强市民幸福感的重要途径。城市声音作为一种感性的文化符号，是城市美学和城市文化学研究的对象与内容。不同的城市声音，不仅见证着城市的变迁，也塑造着城市本身。世界上许多城市在打造"城市声音"时，特别重视对音乐街区和音乐生活的打造，注重对各种声景设施的建设。如杭州西湖的音乐喷泉，位于湖滨三公园附近湖面上，长126米。经过精心设计的喷嘴，可以360度旋转，配上音乐，可以喷出多种形状的水柱、水幕。其利用水下LED灯变换不同的颜色。每天晚上，西湖边总是蚁拥蜂攒，人如潮水。夜色中的西湖，景色迷人，在微波荡漾之中，水柱腾空而起，婀娜多姿，伴随着悦耳的中外古典音乐及流行音乐。其中有不少有关西湖的歌曲，最脍炙人口的还数《梁山伯与祝英台》。可以把宋代音乐与西湖音乐喷泉相结合，做一些精心编排，给人以别样感受。

将音乐与城市建设结合起来的另一种途径就是打造城市的音乐街区。如西安从建设"音乐之城"这一目标出发，打造七

图6-7　西湖音乐喷泉

大音乐街区。如：永兴坊传统音乐聚集区，以永兴坊为平台，将皮影戏（华阴老腔）这一国家级非遗开发成精品项目；大华·1935音乐文化聚集区，以大华·1935（文化聚集区）为重点，除了做好小剧场演出外，还引进国内外知名乐队，增加或时尚或高雅的音乐演出种类与场次，以提升大众的音乐鉴赏力和城市品位；"大师之路"音乐文化长廊，以古今音乐大师及其音乐著作为主题，打造"高端演出＋日常演出＋公益演出"的联合演出模式，使自身成为群众艺术表演的新亮点；"九部坊"音乐街区，以隋唐宫廷音乐九部乐为名，打造互动音乐艺术乐园、音乐酒吧一条街和多元文化社区枢纽；陕北民歌大舞台，把原生态的陕北民歌、陕北文化和风土人情与关中文化融合；大唐不夜城音乐主题街区，在大唐不夜城组织音乐活动，设置音乐雕塑，组织场馆演出，营造浓厚的音乐氛围，以西安国际音乐节为载体和抓手，把音乐街区打造成为全市音乐之城示范街区；高新区众创示范街区，引进几十家咖啡厅，使自身成为以"音乐＋咖啡"为主题的特色街区，为该区域众多的创业者提供"创客"交流空间。

在杭州的清河坊、南宋御街等历史文化街区，也可以像西安那样，把音乐与文化街区的开发结合起来，打造一批宋韵文化音乐街区。值得注意的是，在建设音乐文化街区时，可以用相关主题的雕塑艺术、装置艺术、行为艺术等作为视觉表达，以多元活动形成浓郁的音乐氛围，以多彩的文化旅游、体育健身、休闲餐饮等项目带动周边交通、休闲、餐饮产业发展。

2. 建设大众化的宋韵音乐之城

宋代音乐最大的转变就是从宫廷走向大众。要弘扬宋韵文化，就要把这种大众化、世俗化的文化理念和音乐思想运用到当下的群众性文化活动中。

目前浙江省有数千个合唱团队，这些团队活跃在工厂、乡村、学校、机关、军营和社区第一线，极大丰富了群众的精神文化生活。合唱艺术在浙江一直存在肥沃的生长土壤和深厚的发展基础。浙江合唱活动开展活跃，每年都有多个合唱团体在国内外的高水平合唱大赛中摘金夺银，获得荣誉无数。要充分利用这些群众音乐活动的"毛细血管"，让宋韵音乐"下沉"到人民群众中去。

还可以将浙江省的一些城市打造为音乐家的集聚地，创造宽松的环境和优惠的条件让人们创作音乐、享受音乐、展现音乐才能、发展音乐事业。可以举办草地音乐会、河边音乐会、森林音乐会、室内音乐会，还可以举办宋韵音乐节等活动，再现宋代音乐的魅力。通过以上活动，音乐家之间、音乐家与大众之间都可实现音乐层面的互动。

要在以上这些音乐活动中，在把大众化的音乐形式作为音乐发展的重要方面的同时，对宋韵音乐进行恢复和发展，传播到人民群众之中。

3. 将宋韵音乐植入排舞

排舞，在我国也叫广场舞，是一种群众性非常强的文化体育活动。据不完全统计，浙江省跳排舞的人数逾千万。排舞是一种文体兼容的活动，既强身健体，又愉悦心情，还是人们开展交流的好平台。全世界排舞爱好者数以亿计。一些国家的狂欢节、文化节及其他许多大型活动都离不开排舞。排舞成为营造节日氛围不可或缺的重要内容。

排舞具有参与方便的特点，随时随地都可以进行，受场地的制约比较小，而且学起来也比较容易。所以，排舞一进入中国，就风靡城乡。

浙江对排舞一直高度重视。排舞大赛作为浙江省群众文化活动中的品牌活动，自 2007 年以来，几乎每年都举办，极大丰富了浙江广大人民群众的业余文化生活。浙江开展排舞运动的广度和深度，均走在全国前列，许多地区都出现了镇镇比赛、村村跳舞的盛况。

排舞不仅在城市响应者众，在农村同样有众多的爱好者。所以，浙江省在农村文化礼堂建设中，就把排舞作为一项重要的活动加以指导和推动。如 2014 年，就在全省举办了浙江省文化礼堂乡村排舞大赛。来自浙江全省各地文化礼堂的排舞队员们在《家风》的音乐声中翩翩起舞，用排舞诠释了中华民族的家风美德，也由此拉开了"美丽浙江·幸福乡村——浙江省农村文化礼堂乡村排舞大赛"的帷幕。

把宋代的音乐与排舞结合起来，可做的事也是有很多的。如宋代的一些市民音乐形式，有的可以直接拿来编排舞，有的乐曲稍做改编就能成为适合排舞的曲子。对于这些，只要做成示范视频，通过各种媒体加以宣传推介，就可以让排舞参与者把宋韵声音传到各个角落。也可以基于宣传推介宋韵文化的需要，用当下流行的音乐形式专门制作音乐作品并编舞，加以推广。还可以充分发挥杭州在动漫、机器人等领域的技术优势，或利用动漫宣传宋韵排舞，或举行机器人排舞大赛，让科技与文化更加紧密地结合。

4. 将宋韵音乐与旅游结合

音乐产业是旅游产业不可分割的一部分。音乐不仅在文化市场中发挥积极作用，在旅游发展中也具有极其重要的价值。

音乐作为一种旅游资源，以富有魅力的动态艺术形象，使人赏心悦目，陶冶性情，有利于身心健康，同时参与性、体验性和互动性非常强，具有独特的品牌价值，深受游客的喜爱。比如浙江畲族音乐，为推进畲族乡村旅游的发展起到了不可估量的作用。畲族人民创作了许多反映生产劳动的传统歌舞，比较著名的有《猎步舞》和《栽竹舞》。在前者的表演中，4 名男子扮演猎手，整支舞蹈自始至终随着鼓点不断变换节奏，表现了畲族祖先狩猎时与野兽勇敢搏斗的情景，富有生活气息；后者是反映畲族种竹和用竹造纸的过程的舞蹈。

在浙江城乡旅游发展中，可把宋韵音乐与旅游有机结合起来，打造成文化旅游项目。宋代词调音乐博采众长，将词结构与音乐形式融合，形成内外兼备的有机整体，使词体文学进入一种前所未有的音乐之美。在城市旅游层面：吃，可以把宋词融入餐饮，打造宋词主题餐厅，并配上以宋词为创作源泉的宋韵音乐；住，可以打造宋词或宋乐主题酒店；行，可以修建宋词游步道，配以宋韵音乐的播放或者在道旁安排相关演出；游，可以开发宋词宋乐学习游、体验游；购，可以生产、销售宋韵音乐的文创产品；娱，可以恢复一些类似宋代"瓦舍勾栏"的表演场所，以供宋词宋乐相关演出和其他活动所用。在乡村旅游层面，特别是在节庆旅游、民俗旅游等方面，可打造一些以宋代市民音乐形式为载体的项目。比如，温州、嘉兴等地区可以聚焦南戏，开发诸如"票友游""戏曲游"等文化旅游线路。

5. 让宋韵音乐进入孩子们的世界

宋韵文化需要传播到孩子中间去，其中，音乐是十分重要的传播方式。音乐教育是简单有效的文化传承与传播方式。如歌曲《家风》，将中华优秀家风融入民族音调的乐风里，春风化雨，体现了社会责任感，在浙江少年儿童群体中广为流传。歌词中有不少耳熟能详的经典治家格言，如"勤劳土生金，节俭五谷登""与人常友善，诚信千斤重""做人当有节，礼让路好行"等。中华传统家庭文化的积淀，经过词作家的精心提炼和词格重组，被注入了音乐律动感，强化了可唱性，成为一件传唱度高的音乐作品的精髓。

从宋韵文化中传承下来的一些价值观，可以通过各种音乐途径传承给孩子，如精忠报国的爱国主义思想等。

6. 让宋韵音乐插上科技的翅膀

当今，音乐与科技已经走上高度融合的发展道路，要运用新媒体等多种创新手段，打造新时代的宋韵音乐产业链。音乐制作的许多流程逐渐为科技所简化，如借助人工智能音乐软件，人们便能轻松地模拟各种乐器的声音并编曲。人工智能可以生成个性化音轨，可以通过分析不同音乐作品的数据，利用强化学习的功能，习得使音乐变得令人愉悦的模式。

位于杭州市钱江世纪城的浙江国家音乐产业基地萧山园区，是浙江省首个国家音乐产业基地。其大力发展以数字音乐为主导内容的文化创意产业，着力打造"音乐科技智慧城"，打造数字音乐公共服务系统、数字音乐教育培训基地、国际音乐会展综合平台、投资创业中心，已招引网易云音乐、易尚春、放刺电音制作学院等许多家音乐类企业。

　　宋韵音乐的发展与开发，应高度重视与以上最新科技的结合，也应重视与前沿音乐产业平台尤其是大型平台的合作，将古老的声音与最新的科技相结合，打造以故为新，充满科技气息的宋韵音乐作品。

第七篇

服饰创意

宋服让人仪态万方

　　汉族的服饰在历史上曾经有过几次重大变迁：自西汉王朝建立了空前强大的大一统国家后，汉族就成为中国人口最多的民族，于是就有了相对统一规范的汉服。北朝时，北方游牧民族入主中原，把胡服元素融入汉服之中。安史之乱以后，汉族的服饰一改艳丽多彩的胡风，恢复了汉服的长袍宽袖样式，到宋代产生了典雅的宋朝服饰（文中即指宋代汉服，简称宋服）。

　　2016 年黄岩发掘了南宋赵伯澐墓，共清理出以丝绸服饰为主的五代十国至南宋文物 77 件。其中，出土的服饰形制丰富、织物品种齐备，纹饰题材多样，纺织工艺精湛，堪称"宋服之冠"。其中，南宋男性（文官）服饰成套出土，在全国范围内也少有先例。距今 800 余年的文物"重见天日"，成为宋室徙居、南宋海上丝绸之路贸易等历史的有力见证。这就像打开了宋人的衣柜，宋人的风雅及对衣饰文化的讲究，一览无遗地展现在今人的面前，从中可见浙江宋服遗存的资源是丰富多彩的。

一、宋朝服饰变化历史与基本特征

人类为什么要穿服装,因为服装有三大功能:一是保护身体。人穿衣首先是为了御寒、防晒等。二是为了遮羞。亚当与夏娃就是吃了禁果启智了,才知道自己赤身露体,便摘叶子编成裙子来遮羞。所以,这也是服装的功能之一。三是装饰。随着人类社会走向文明时代,服装的功能越来越转向装饰,服装的美观、时尚、典雅越来越受到重视。为此,服装的款式、色彩、花纹、图案、材料等得以全面发展。而穿着方便、款式美观的服装自然得到了人们的青睐。

一个朝代的服饰在一定程度上可以代表这个朝代经济社会发展的总体水平。宋代经济发展在中国历史上达到一个高峰,特别是纺织业的勃兴,为宋代的服饰发展奠定了坚实的物质基础。同时,宋朝与数十个国家进行各种贸易往来,相互交流的服饰文化出现了相互融合的发展态势。在《清明上河图》中,我们就可以看到穿着不同服饰的形形色色的人物。从各式各样的宋画中,我们可以看到不同身份、地位、职业的人在不同场合的衣着规范或偏好。

宋朝的服饰具有鲜明的特色与风格。宋朝的服饰文化继承且发展了唐朝的服饰文化。其服装的款式多承袭唐代。男士一般穿交领或圆领的长袍,多为黑白两色。女装服饰在色彩方面,一改唐代的浓艳华丽,多淡雅,以襦、袄、褙子、衫、袍、裙、褙、深衣为主。其中褙子的种类最多,穿着方便又不失庄重。

款式有对襟、宽袖，领、衣襟镶有花边，贵者用锦、罗或加刺绣。穿着这种服装，必须配以华丽精致的首饰，包括发饰、面饰、耳饰、颈饰和胸饰等。宋朝服装绝大部分是直领对襟式，无带无扣，颈部外缘缝制着护领。服装的款式采用衣袖相连的裁剪方式。有的服装由于受限于面料的幅宽，因而在衣服的背部或袖子部分采用接缝和贴边来装饰。单夹衣有前身短后身长的式样，也有无袖的大背心式样。从宋墓中出土的各种衣服大多在领边、袖边、大襟边、腰部和下摆部位分别镶边或绣有装饰图案，并采用印金、刺绣和彩绘工艺，饰以牡丹、山茶、梅花和百合等花卉。宋时，在女装的装饰上，往往用金箔、金泥、金线来制作花纹，大袖衫、长裙等是晚唐、五代的服饰，在北宋年间依然流行，多为贵族妇女穿用。

宋韵文化崇尚朴实自然、优雅清新，关注平民的审美价值取向，这对宋朝服饰的审美产生了重要的影响。总的来说，宋朝的服饰以儒雅为时尚，典雅、质朴、严谨、含蓄成为宋朝服饰的主要特征。可以说，宋朝的服装也像宋人的生活一样，最具特色的是"优雅"。

宋朝服装主要分为官服与民服两大类。官服又分为朝服和公服。朝服在出席朝会及祭祀等重要活动时穿着，都是朱衣朱裳，并衬以不同颜色和质地的饰品，还有相应的冠冕以示官阶。公服就是官员的常服，式样大多是圆领大袖，腰间束以革带，头上戴幞头，脚上穿革履或丝麻织造的鞋子。宋朝规定，被列为能够穿紫、绯色公服的高级官员，穿着时必须佩带金银"鱼袋"。宋朝人居家穿的常服主要有以下几种：

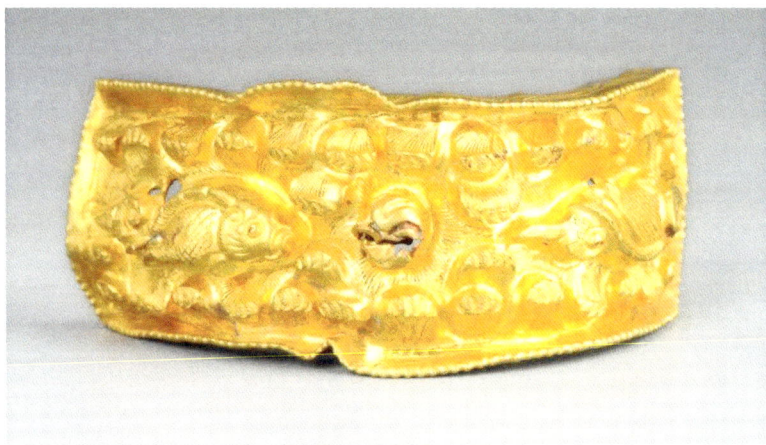

图7-1　兰溪灵洞乡费龙口村南宋墓出土的南宋金鱼袋饰　（兰溪市博物馆藏）

　　"袍"是一种直腰身、过膝的中式外衣。有宽袖广身和窄袖窄身两种类型。一般有衬里，男女皆可穿。袍分为龙袍、官袍、民袍等。不同等级的人穿不同的袍。有官职的穿锦袍，无官职的穿白布袍。宋朝的官员与平民居家穿的服装在款式上没有太大差别，差别只体现在服装的取色上。从隋代开始，皇家制衣可以用明黄色，而臣子是不能用这种颜色的。一般百姓多穿黑或白的交领或圆领长袍，做事的时候就把衣服往上塞进腰带里。

　　"衫"是宋朝男子常穿的服装。外穿宽大的衫叫"凉衫"：白色的衫叫"白衫"；深紫料的衫叫"紫衫"，紫衫又被称为"窄衫"；还有布衫和罗衫。内用的叫汗衫，有交领和合领款式，面料很考究，常用的有绸、缎、纱、罗，常见的颜色是白、青、黑、杏黄、茶褐等。

图7-2 《宋太祖坐像》 〔宋〕王霭 （台北"故宫博物院"藏）
图中宋太祖头戴硬脚幞头，身着宽袖黄袍，所穿为宋朝帝王标准朝服

宋朝的服饰还有"直裰"，是一种比较宽大的长衣。袖子大大的，袖口、领口、衫角都镶有黑边。由于下摆无衩而背部却有中缝而称"直裰"。这种服装是当时退休的官员和士大夫

图7-3 《宋哲宗坐像》 〔宋〕王霭 （台北"故宫博物院"藏）

图7-4 黄岩赵伯澐墓出土的交领莲花纹亮地纱袍 （中国丝绸博物馆藏）

图7-5 金坛周瑀墓出土的花卉纹合领单衫 （镇江博物馆藏）

穿的。还有"鹤氅"，是一种宽长曳地的服装，是用鹤毛与其他鸟毛合捻成绒织成的裘衣，十分贵重。

"袄"也为宋朝人日常穿着的必备之服。"袄"就是有衬里的中式上衣，通常分为3类：里、面两层的夹袄，里、面之间加絮料的棉袄，用鞣制皮子制作的皮袄。按衣长又可分为大袄和小袄。大袄即长袄，摆线在膝盖上下；小袄即短袄，摆线在腰际至臀部之间。袄的材料常用的有布、绸、罗、锦、纻丝和皮。袄的颜色有青、枣红、墨绿、鹅黄等。

"襦"为宋朝人日常穿着的必备之服。"襦"是上身穿的短衣，一般长不过膝。按是否有夹里，襦分为单襦、复襦。单襦近乎衫，复襦近乎袄，不同之处在于有无腰襕。宋朝襦的款式和唐朝的基本一样，但是衣襟有所不同，可以用右衽，也可以用左衽，

图7-6　福州茶园山宋墓出土的印金山茶梅花边对襟绉纱襦　（福州市博物馆藏）

这个可能是受契丹族、女真族等少数民族的影响。宋朝人穿襦时身上的装饰并不复杂，除披帛以外，就是在腰间正中部佩的飘带上加一个玉制圆环饰物以压住裙幅，使其在走路或活动时不至于随风飘舞，这也就是史书所称的"玉环绶"。

"裳"是古代汉族男子日常穿着的下衣，女子穿的叫"裙"。宋时裳有冕服、朝服和私居服的式样。宋时有"上衣下裳"的穿法。男子穿对领镶黑边饰的长上衣配黄裳。居家时不束带，待客时束带。贵族的裳也很讲究，材料多为纱、罗、绢、绸、绮、绫，并有图案装饰。女子穿裙，佩披帛，加半臂。按裙腰之高低，裙可分为齐腰襦裙、高腰襦裙、齐胸襦裙；按领子的样式，裙可分为交领襦裙、直领襦裙等。

"裤"也是古人常穿的下装。贵族裤子用材十分考究，以纱、罗、绢、绸、绮、绫为多，并有大提花、小提花等图案装饰，裤色以驼黄、棕、褐为主色。而平民百姓因为劳作的需要，其裤子的材料比较粗糙。

"褙子"是最具宋朝特色的服装形制。唐末宋初，中国多数服饰的衣袖变得越来越宽，再套半臂十分不便，故使用范围逐渐缩小，就在这个时候，褙子出现了。褙子，又名背子、绰子、绣裾，是汉服的一种，始于隋朝。有一种说法是，褙子寓意人行走之时背应挺直，显得人挺拔俊秀，包含着扶直人的脊背之意。也有一种说法是褙子原来为婢妾的服装，因婢妾常侍立于女主人背后，故而得名"褙子"。

宋朝上至皇后贵妃，下至奴婢侍从、优伶乐人及男子闲居时，都十分喜欢穿褙子。宋朝的男款褙子穿着方式类似深衣，衣袖长度至肘，生色领皆用绛罗。其形制分为斜领交襟和盘领交襟两式，缺髋，穿时罩于衫外，腰间要用布帛勒住，更像是"半臂"的交领缺髋衫，为便服。

图7-7 《歌乐图》（局部） 〔宋〕佚名 （上海博物馆藏）
左边女子身着褙子

宋朝女子把褙子作为礼服来穿。宋乾道年间（1165—1173），褙子被确定为后妃常服，《宋史·舆服志》载："其服，后惟备袆衣、礼衣，妃备褕翟，凡三等。"又载，朱熹立"家礼"，就规定"妇人（礼服）则假髻、大衣、长裙。女子在室者冠子、褙子"。因为褙子的形制偏窄小，所以贵族妇女多将褙子穿在大袖衫内。普通妇女多将褙子当作罩衣穿着在外，穿着时褙子的下摆随身飘动，露出里衣，称为"不制衿"。

女式褙子有直领对襟、斜领交襟、盘领交襟等样式，其中以直领对襟式最常见。窄衣修身、锦饰作缘，腰身为直线形，两侧腋下开衩，袖子有宽窄、短长之分，衣长有半身、及膝、过膝、至足几种，下摆窄长，腋下开高衩，衣服前后襟不缝合，腋下或背后垂有带子，但并不系扎，只起到垂坠飘曳的装饰作用，主要为了仿古时形制，有"好古存旧"之意。

宋朝的褙子在做工上是很讲究的，在褙子的门襟、袖口等处都用花纹镶边，其中领口及前襟处绘制的花边被称为"领抹"，当时可以买到现成的领抹。宋朝人特别喜欢把春桃、夏荷、秋菊、冬梅等一些四季花朵图案拼成"一年景"纹样的领抹。

宋朝服饰中值得一提的还有装饰。

宋朝女子讲究打扮，即使是家境比较贫寒的女子，也有几样头饰。宋代庄绰在《鸡肋编》中称："两浙妇人皆事服饰口腹，而耻为营生。"周密在《武林旧事》中称："都民士女，罗绮如云，盖无夕不然也。"《宋史·五行志》也说："里巷妇女以琉璃为首饰"，"都人以碾玉为首饰。宫中簪琉璃花，都下人争效之。时有诗云：京师禁珠翠，天下尽琉璃"。宋朝女子佩戴的首饰新奇美妙。宋代周密《武林旧事》中称："元夕节物，妇人皆戴珠翠、闹蛾、玉梅、雪柳、菩提叶、灯球、销金合、蝉貂袖、项帕……"吴自牧的《梦粱录》卷一九《社会》记载："又有善女人，皆府室宅舍内司之府第娘子夫人等，建庚申会，……俱带珠翠珍宝首饰赴会，人呼曰'斗宝会'。"宋朝女子不论贫富，都爱戴冠。除了装饰有珠玉、花卉的普通冠，还有材质珍贵稀缺，以金银、玳瑁、白角等制作的各种冠。沈从文曾经感叹："唐代宫廷女道士作仙女龙女装得到发展，五代女子的花冠云髻已日趋危巧，宋代再加以发展变化，因之头上真是百花竞放，无奇不有。"（《宋元时装》）当时流行"白角冠"，是一种以角为原料制成的冠，造价极其昂贵，戴着出行也很不方便，但是贵妇们仍然痴情于它，争相戴之，宁伤出行不伤美丽。宋人周煇《清波杂志》卷八《垂肩冠》载："宫中尚白角冠，人争效之，号内样冠，名曰垂肩、等肩，至有长三尺者，登车檐皆侧首而入。"宋代女子还喜欢用"阿胶"或"鱼鳔胶"，将珍珠贴于额头、眉梢和嘴角，叫贴珠钿。有的用一整排珍珠串成耳坠，挂在耳朵上，叫"珠翠排环"。

此外，宋朝有地位的妇女已经开始缠足，当时的女鞋小而尖翘，以红帮作鞋面，鞋尖往往做成凤头样子。劳动妇女因为需要下地耕作，所以不缠足，而是穿平头鞋、圆头鞋或蒲草鞋。宫中的歌舞女子也有大足穿靴的。

宋墓出土的衫、襦，几乎每件的衣缘袖缘（领边袖口）都带有精美刺绣或印花装饰。不同于唐朝的宝相花、对鸟、对兽等纹样，宋朝绣纹受当时宋画的影响，纹样造型趋向写实，构

图7-8　《宋仁宗后坐像》（局部）　〔宋〕佚名　（台北"故宫博物院"藏）
画中曹皇后头戴九龙纹钗冠，两博鬓，面贴珠钿

图严密，多为写实的折枝花、缠枝花及其他大量花鸟题材。有
的服装上绣有牡丹，有的丝绸衣服上绣着芍药，也有的绣着花
中四君子。除了争奇斗艳的花卉外，有的服装上还绣着有祥瑞
之意的动物，如象征夫妻恩爱的鸳鸯、表达生活情趣的蜻蜓和
蝴蝶等。宋朝的纹样风格从题材到造型手法，几乎都形成了制式。
宋朝服装的颜色相对比较清新温和，大多为大自然草木的颜色，
如茶色、棕色等。宋朝的服饰面料，以丝织品为主，品种有织锦、
花绫、纱、罗、绢、缂丝等。宋朝在服装的剪裁缝制工艺上有
了很大的进步，不像先前朝代的服装相对比较粗糙，缝合的痕
迹太多，而是精致细腻，过渡自然，不留针脚。

图7-9 福州黄昇墓出土的印花彩绘芍药璎珞花边 （福建博物院藏）

二、从宋朝服饰中找当下创意的灵感

从以上对宋朝服饰的介绍中，我们可以看出，宋朝服饰中的许多具有想象力和创造性的穿着理念和设计思想能给当下的服饰产业提供新的发展契机。我们可以从以下几个方面来着手。

1. 借力汉服兴起机遇，推进宋服传播与发展

汉服，全称是"汉民族传统服饰"。汉代衣冠直接继承自秦朝，如汉蔡邕《独断》载："通天冠，天子常服，汉服受之秦，礼无文。"随着中华民族的兴盛与发展，汉服逐步形成了完备的冠服体系。汉服是中国"衣冠上国""礼仪之邦""锦绣中华"的体现，承载了汉族的染、织、绣等方面的杰出工艺和美学，传承了众多的非物质文化遗产。

近些年，在各地名胜古迹和商业街区，不时会看到一些身着汉服的路人，其中大多是年轻人，他们的服饰让人眼前一亮。为什么汉服会复兴？有专家分析：一是由于中国的发展带来了爱国情怀的勃发，使传统文化复兴。随着中国国力的增强，国际地位的上升，中国各族人民对本国文化的兴趣与认同快速升温。汉服也成了"传统文化复兴"的一个重要方面，在年轻人中掀起热潮。二是随着社会的进步，精神文明建设和文化建设进入一个崭新的时期，传统礼仪越来越受到人们的重视。近年来，浙江衢州打造"南孔圣地·衢州有礼"城市品牌，得到衢州人

民的积极响应，这也已经成为衢州的精神文明建设和文化软实力发展的成功实践。汉服和礼仪是不可分割的，所谓先正衣冠，后明事理。穿着汉服在无形中营造了一种有礼的文化氛围，让服饰文化与精神文明、道德教化紧密地结合起来。三是社会对服饰的多样化更有包容性。服饰的多元化，也是社会多元化和文化多样性的重要体现。

宋制汉服独树一帜，是汉服发展中的一个重要里程碑。可以借助汉服热潮，宣传宋制汉服的历史地位与审美品位，扩大其影响力。

2. 提取宋韵服饰文化元素，助力服饰产业

在宋韵文化元素的借鉴与运用中，我们也可以提取宋朝服饰中的一些文化元素，运用到当下的服饰设计之中。把宋服中的着装理念、设计思想、纹样图案、款式工艺、衣帽鞋与装饰品搭配等，运用到当下的服饰设计与产业发展之中。我们已经讨论了宋画在各种文创产品中的运用，宋朝人已经把宋画中的审美思想、基本题材、花鸟图案等运用到服饰中。当下，我们可以把宋朝服饰的这些文化元素，重新运用到当代服饰设计与制造之中。

3. 精细化研究宋韵服饰文化，打造系列文创产品

例如，在上面我们讲到，宋朝女装的款式非常丰富，有衫、

裙、袍、褂、襦、袄、褙子等。宋朝女人佩戴的首饰新奇美妙。宋人耐得翁《都城纪胜》言："如官巷之花行，所聚花朵、冠梳、钗环、领抹，极其工巧，古所无也。"还有宋人穿戴的各种各样的绶带、鞋、袜、香囊、荷包等。我们可以分专题对这些物件进行深入细致的研究与分析，从中寻找到可以为当下所用的灵感与创意，可以开发出一系列宋韵文创产品，形成一个产业链。

此外，在宋韵服饰文化的创意中，我们也不要局限于服饰本身，而是要把宋韵服饰中的设计理念用到各种文创产品的开发之中。如杭州雨伞、折扇、食品、书房用品等，也可以借鉴宋韵服饰文化的理念进行新的设计，把服饰文化与这些产品的开发融合起来。思路一打开，宋韵服饰文化元素的应用也会顺势打开一片新天地。

4. 把宋朝服饰与文化旅游结合起来

在杭州的清河坊和南宋御街等历史文化街区，可以提倡服务人员穿宋服，这如果能实现，会成为杭州南宋历史街区旅游中一道亮丽的风景线。也可以提倡到杭州的南宋历史文化街区旅游的游客穿宋服，在元宵节、花朝节等传统节庆日举办宋服相关的传统文化活动，从而大大增加杭州宋韵文化旅游的趣味性，并提高游客的参与度。杭州以宋文化为主题的酒店、餐馆、博物馆等，也要提倡服务人员穿宋服，营造宋韵文化氛围。

5. 研究宋朝服饰，为文艺作品创作提供依据

目前一些影视作品中的服装与史实极不符合，有把明清时代的服装穿到了汉唐的，有把外国服装当成汉服的。凡此种种，都是由于对那个朝代的服饰不够了解。随着宋韵文化越来越受到重视，有关宋代的文艺作品也一定会越来越多，研究宋朝的服饰十分必要。此类研究能够为艺术家创造关于宋代的文艺作品提供参考和必要的艺术指导，从而让宋韵文化艺术走向大众。

图7-10 《西园雅集图》 〔宋〕马远 （美国纳尔逊-阿特金斯艺术博物馆藏）

图书在版编目（CIP）数据

宋韵文化创意 / 胡坚著 . — 杭州：浙江工商大学
出版社，2022.10（2023.11重印）
　（宋韵文化丛书 / 胡坚主编）
　ISBN 978-7-5178-5071-7

　Ⅰ.①宋… Ⅱ.①胡… Ⅲ.①文化史—中国—宋代
Ⅳ.①K244.03

中国版本图书馆 CIP 数据核字（2022）第 146084 号

宋韵文化创意
SONGYUN WENHUA CHUANGYI

胡　坚 著

出 品 人	郑英龙
策划编辑	沈　娴
责任编辑	沈　娴　尹　洁
责任校对	夏湘娣
封面设计	观止堂_未氓
责任印制	包建辉
出版发行	浙江工商大学出版社
	（杭州市教工路 198 号　邮政编码 310012）
	（E-mail : zjgsupress@163.com）
	（网址 : http://www.zjgsupress.com）
	电话 : 0571-88904980 , 88831806（传真）
排　　版	浙江大千时代文化传媒有限公司
印　　刷	浙江海虹彩色印务有限公司
开　　本	880 mm × 1230 mm　1/32
印　　张	7.75
字　　数	161千
版 印 次	2022年10月第1版　2023年11月第2次印刷
书　　号	ISBN 978-7-5178-5071-7
定　　价	78.00元

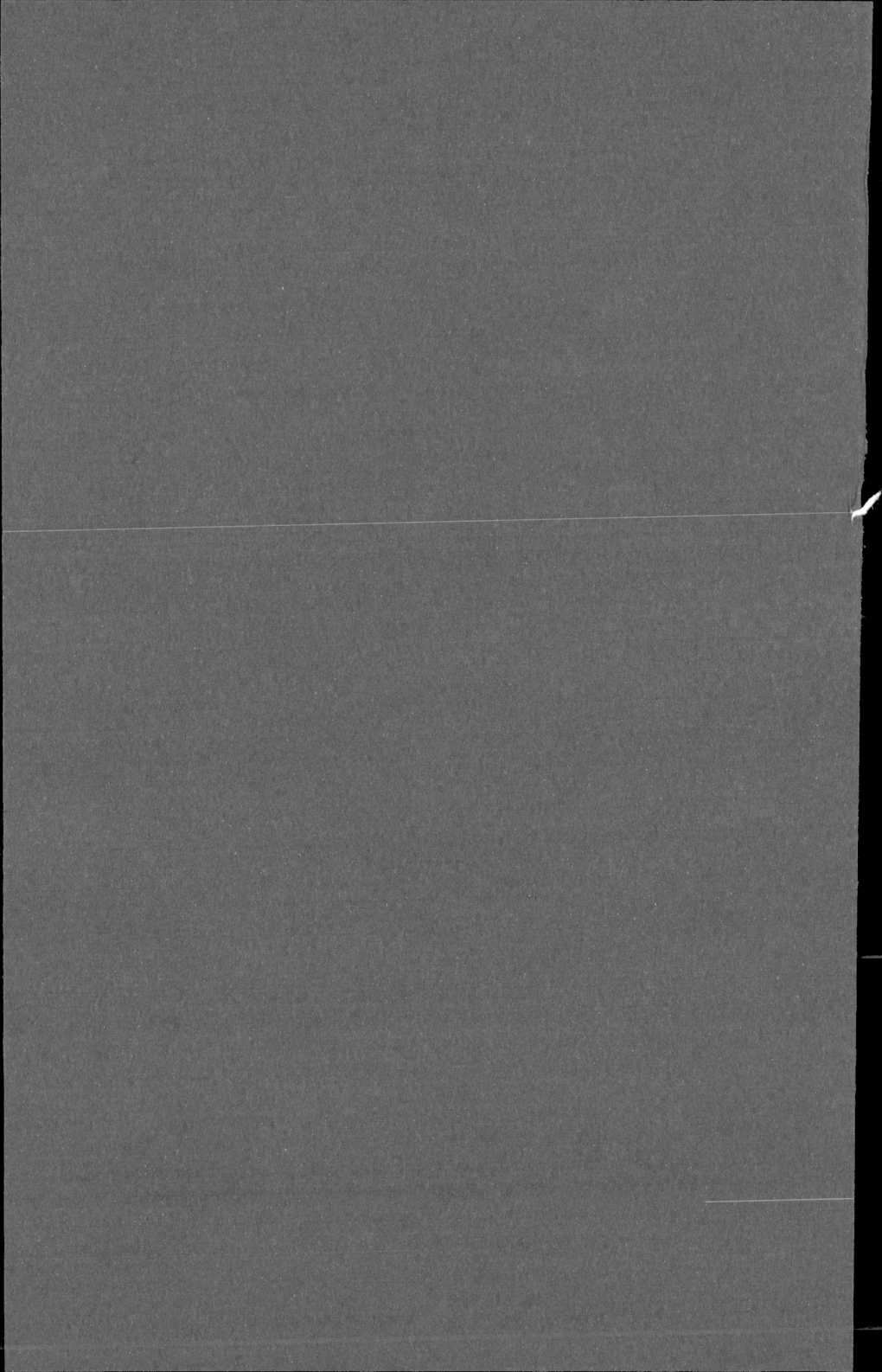